中国京劇小辞典

魯大鳴

CHINESE
JING-JU
POCKET
DICTIONARY

駿河台出版社
SURUGADAI SHUPPANSHA

カタカナ表記について
本書では、読みやすさを考慮して、見出し語などに中国語の発音のカタカナ表記を添えています。カタカナ表記は「中国語音節表記ガイドライン［平凡社］」http://cn.heibonsha.co.jp/edu.pdf を元に編集部でつけました。カタカナ表記はあくまで発音の目安ですので、正確な発音はピンイン（アルファベットによる漢字の発音表記）を参考にしてください。
なお、見出し語は中国語しかない用語を除き、日本語で表記し、（　）の中はその中国語とピンインとなっています。

装丁　浅妻健司

前書き

　中国演劇の世界は広く、深く、世の中のあらゆることを網羅しているといっても過言ではありません。長い歴史を通じて、中国文化の大切な財産として今日まで愛されており、中国人は演劇から人生の栄養を取り入れ、自らを充実させます。歴史や人間について学び、品性や教養を磨き上げます。

　国際都市・東京は、日本の政治、経済、文化の中心地であると同時に、世界の優れた芸術が集まる場所です。毎年、様々な分野の世界一流のステージを見ることが出来、中国演劇を代表する京劇もその一隅を占めております。

　思い返せば、私が来日した一九八七年当時、京劇はあまり知られていませんでした。演劇関係の仕事をしながら、日本の誰に聞いても、京劇のことをほとんど知らないという哀しい状況にありました。京劇役者の一人として、「世界の人たちにもっと京劇に注目してほしい」、「京劇のことを大勢の人に広めたい」と思いました。日本に来る以前から、日本語で京劇を紹介したいという気持ちを持ち続けていましたので、その後、二〇〇〇年に『京劇入門』を出版しました。

　そこから十八年経ったいま、日本の京劇鑑賞のレベルは随分上がりました。毎年の来日公演のほか、日本での中国の芸能団体などの活躍もあり、京劇を知る人の数は飛躍的に増え、今までの京劇ファンの方たちは、さらに奥深いことを知りたいと感じておられる。従来の入門書では、その要望に応え、皆さんを満足させるに十分ではなくなりました。

　これは私にとって、大変良い刺激となりました。日本にいて、日本人と京劇の関わりを見聞し、大学の授業で若い人たちを相手に、京劇を座学・実演の両方を教えるとき、京劇の専門用語の大切さを痛感していました。一つ専門用語を学生さんたちが覚えるだけで、

前書き

歌詞や台詞、動きへの理解が早くなり、授業も順調に進みます。日本語にない言葉をそのまま使うこともよくありますので、それを説明した本が手元にあれば、より理解を助けられるのではないかと、今回の『中国京劇小辞典』に考えが及びました。

本書では、京劇の各分野の単語を八つのパートに分けて説明しています。京劇の手引書として、どの章からでも使えますし、前述の大学での例のように、要所で単語を調べることで、京劇を理解する速度が早まります。この中には数多くの【専門用語】が見られます。専門用語のことを中国語で術語といいますが、学術上で、特に中国演劇業界に限定された意味で使われる言葉です。役者だけではなく、他の各部門も含め、分からなければ仕事はできないほど重要なものです。京劇の舞台の細部を知ることで、舞台を観る楽しみも増えます。

さらに京劇の諺は、演劇の枠を超越した言葉です。人生に役立ち、実際の日常生活でも、広く使われております。そこから、娯楽以上の知識を得ることもできます。少ない文字数で深い意味が含まれる諺は、漢字を使う日本人には理解する上で有利であり、きっと面白いと感じて頂けることと確信します。

コラムでは、中国演劇の概論を紹介し、一般には知られていない専門的な事柄を、少しでも読みやすくお届けできるよう心掛けました。

文化の浸透は一朝一夕にできるものではないのです。空気、土壌、細胞を育てるようにしなければならないので、微力ですが、今後も植え付けることに、努力したいと思います。

世界三大古典劇の一つであるにも拘わらず、京劇はいまだ認知度が低く、世界に浸透しているとは言い難い現実がありますが、観劇や実演といった体験のほかに、京劇用語という文字を通して、京劇の魅力をアピールできればと思います。もし単語一つで、皆さんのお役に立てるのなら、筆者として、これ以上の喜びはありません。

2019年4月30日　　魯 大鳴

目　次

前書き ……………………………………………………………… 3

第一章　役者篇　　　　　　　　　　　　　　　　　　　9

① 役作り ………………………………………………………… 10
　行当／生／旦／浄／丑／脇役
② 基本功 ………………………………………………………… 18
　唱／念／做／打／手／眼／身／法／歩／毯子功／腿功／腰功／鼎功／把子功
③ 特技 …………………………………………………………… 52
　水袖功／帽翅功／翎子功／甩髪功／髯口功／椅子功／素珠功／扇子功／耍牙／吹火／吃火／開眼／変臉
コラム　京劇の歴史 …………………………………………… 54
コラム　中国演劇の三大特徴 ………………………………… 58

第二章　音楽篇　　　　　　　　　　　　　　　　　　　63

① 伴奏 …………………………………………………………… 63
　演劇音楽／京劇楽隊／場面／文場／武場／曲牌／合頭／大字曲牌／混曲牌／清曲牌／胡琴曲牌／笛子曲牌／嗩吶曲牌／干念曲牌／京劇曲調吹腔／十三咳／南鑼／娃娃／琴歌／山歌／柳枝腔／銀紐絲／雲蘇調／山歌小調／板式
② 鑼鼓経 ………………………………………………………… 73

コラム　文化大革命期に上演された模範劇 ································ 83

第三章　化粧篇　　　　　　　　　　　　　　　　　　　86

① 俊扮　② 勾臉　③ 頭飾
④ 髪型　⑤ 髯　⑥ 臉譜
　　コラム　中国演劇の極意（絶活）································· 91

第四章　服装篇　　　　　　　　　　　　　　　　　　　96

① 服装管理　大衣箱／二衣箱／三衣箱／盔箱／靴箱 ············ 97
② 服装類（長衣）蟒／官衣／帔／褶子／靠／箭衣／龍套衣／斗
　　　　　　　蓬 ·· 97
　　（短衣）茶衣／襖、襖／裙／抱衣抱褲／侉衣侉褲／
　　　　　　戦衣戦裙／罪衣罪裙／馬掛児／彩褲／水衣
　　　　　　子／護領／小袖／胖襖 ······························· 101
③ 盔帽類　盔／冠／帽／巾 ··· 103
④ 髯類 ··· 104
⑤ 靴鞋類　厚底靴／朝方靴／虎頭靴／快靴／彩鞋／旗鞋 ······ 104
　　コラム　京劇の龍套 ·· 107

第五章　道具篇　　　　　　　　　　　　　　　　　　　110

① 大道具　一桌二椅／大帳子／小帳子／聖旨／大纛旗／車旗／

6

水旗／火旗／令旗／旗袍箱 ………………………………… 110
② 小道具　鞭／船槳／鎖／雲帚児／扇子／人形児／雲牌／山石
　　牌／牙笏／傘／棋盤／鏢囊／酒杯／印匣／簽筒、簽条／令
　　箭／堂板／燭台／書信／状紙 …………………………………… 112
③ 把子　龍形児／虎形児／狗形児 ………………………………… 114
　コラム　孫悟空と三国志の裏話 ………………………………………… 115

第六章　京劇用語日常生活篇　　　　　　　　　　118

上場／下場／怯場／開場白／丑角／假面具／唱対台戯／拿手好戯／唱高調／装腔作勢／南腔北調／吹胡子瞪眼／叫好児／見好就収／有板有眼／逢場作戯／大打出手／跑龍套／科班出身／芸高人胆大
　コラム　二十一世紀の京劇の現状 …………………………………… 120

第七章　京劇慣用句及び諺篇　　　　　　　　　　124

口伝心授、言伝身教／開蒙戯／安眼賊／説戯／対戯／下地児／串戯／響排／彩排／把場／角児坯子／厳師出高徒／一響遮百丑／戯要三分生／疼長酸抽麻不練／山東胳膊直隷腿／練私功／千斤話白四両唱／三年胳膊五年腿、十年練不好一張嘴／飽吹餓唱／冬練三九、夏練三伏／拳不離手、曲不離口／芸不圧身／唱戯的是瘋子、聴戯的是傻子／夯児／台風児／亮相／範児／起範児／恍範児／捋葉子／拿賊／黒号子／台上無閑人／洒狗血／扳下来／催上去／偸戯／笑場／誤場／冒場／温／火／鉚上／揉頭／北京学戯、天津唱

紅、上海掙錢／生丑言公／戲包袱／一棵菜兒／唱死昭君、累死王龍、翻死馬童／男怕夜奔、女怕思凡／单刀看手、双刀看肘／人不親芸親／戲德／是騾子是馬拉出来遛遛／後台如綿羊、上台如猛虎／救場如救火／三年出個好状元、十年未必出個好唱戲的／芸無止境／十旦易找、一净難求／十净九袈／一天不練自己知道、両天不練師父知道、三天不練観衆知道／熱不死的花臉、凍不死的花旦／不管是褒是貶、都是捧角兒／認認真真演戲、老老実実做人／唐三千、宋八百、唱不完的東周列国／戲飽人／黄金有価芸無価／百日笛、千日簫、一把胡琴拉断腰／三分唱、七分打／折子戲／冒兒戲／圧軸戲／大軸戲／大戲／小戲／打炮戲／義務戲／老爺戲／封箱戲／応節戲／回戲／三白／官中／私房／馬前／馬後／海報／戲单／撒紅票／碰頭好兒／満堂好兒／倒好兒／掉涼水盆兒里了／抽簽兒／票友／票房／下海／内行看門道、外行看熱鬧／舞台小天地、天地大舞台

第八章　演目篇　　　　　　　　　　　　　　　　　　136

空城計／文昭関／武家坡／群英会／宇宙鋒／二進宮／秋江／秦香蓮／霸王別姫／貴妃醉酒／拾玉鐲／連昇店／蘇三起解／天女散花／紅娘／罷宴／岳母刺字／三岔口／戦馬超／打焦賛

主要参考文献 ································· 145
後書き ····································· 146
索引 ····································· 148

第一章　役者篇

① 役作り：

行当（行当 hángdang）：
【専門用語】役柄のこと。中国演劇の舞台では、登場人物を性別、性格、年齢、職業、社会的地位などによって「生」、「旦」「浄」、「丑」の四種類に分ける。これは中国演劇に特有な表現体系である。

生行（生行 shēngháng）：
【専門用語】男役。老生、小生、武生、紅生などがある。

老生（老生 lǎoshēng）：
【専門用語】生行の中で重要な位置を占めるため、『正生』ともいう。中年以上の男性人物を演じ、歌も台詞も地声（本嗓、大嗓ともいう）を使う。

須生（須生 xūshēng）：
【専門用語】老生のこと。須とは中国語でひげのこと。胡子ともいう。鬚を付けて登場するので『須生』、『胡子生』ともいう。

唱工老生（唱功老生 chànggōng lǎoshēng）：
【専門用語】歌を中心とする老生。例えば『空城計』の諸葛孔明など。

做工老生（做工老生 zuògōng lǎoshēng）：
【専門用語】演技を中心とする老生。例えば『秦香蓮』の王延齢など。⇒ P139

王帽老生（王帽老生 wángmào lǎoshēng）：
【専門用語】王帽という皇帝、帝王用の被り物を被るので、こう名付けられた。例えば『上天台』の劉秀など。

第一章　役者篇　①　役作り

袍帯老生 (袍帯老生 páodài lǎoshēng)：
【専門用語】蟒袍を着て、玉帯を付けるのでこう名付けられた。落ち着いている文人役。例えば『二進宮』の楊波など。⇒ P138

箭衣老生 (箭衣老生 jiànyi lǎoshēng)：
【専門用語】箭衣という衣装を着るので、こう名付けられた。武将、軍人がよく着用する。例えば『武家坡』の薛平貴など。⇒ P137

二路老生 (二路老生 èrlù lǎoshēng)：
【専門用語】生の準主役。「里子老生」ともいう。例えば『文昭関』の東皋公、皇甫訥など。⇒ P136

紅生 (紅生 hóngshēng)：
【専門用語】赤くメイクしているので、こう呼ばれる。浄行で演じる場合、「紅浄」と呼ぶ。例えば『古城会』の関羽など。

小生 (小生 xiǎoshēng)：
【専門用語】若い男性の役。歌や台詞に裏声と地声を交互に使う。

袍帯小生 (袍帯小生 páodài xiǎoshēng)：
【専門用語】蟒袍を着て、玉帯を付けているので、こう名付けられた。文小生に属している。例えば『三堂会審』の王金龍など。

扇子小生 (扇子小生 shànzi xiǎoshēng)：
【専門用語】扇子を持っているので、こう名付けられた。例えば『拾玉鐲』の傅朋など。⇒ P140

翎子小生 (翎子小生 língzi xiǎoshēng)：
【専門用語】被り物に翎子という付属品が付いているので、こう名付けられた。「雉尾生」ともいう。例えば『群英会』の周瑜など。⇒ P137

窮生 (穷生 qióngshēng)：
【専門用語】貧乏人で、行き詰って意気消沈している役。例えば『連昇店』の王明芳など。⇒ P141

第一章　役者篇　①　役作り

武小生（武小生 wǔxiǎoshēng）：
【専門用語】武芸に秀でる若い男性の役。例えば『小商河』の楊再興など。

武生（武生 wǔshēng）：
【専門用語】武芸に秀でる男性の役。

長靠武生（长靠武生 chángkào wǔshēng）：
【専門用語】長靠（背中に四本の旗を背負う）を着ているので、こう名付けられた。例えば『雁蕩山』の孟海公など。

短打武生（短打武生 duǎndǎ wǔshēng）：
【専門用語】動きやすい短い衣装を着ているので、こう名付けられた。例えば『三岔口』の任堂恵など。⇒P143

勾臉武生（勾脸武生 gōuliǎn wǔshēng）：
【専門用語】隈取のメイクをした武生。例えば『艶陽楼』の高登など。

娃娃生（娃娃生 wáwashēng）：
【専門用語】子供を演じる役。しばしば、劇団の身体が小さな女性が担当する。例えば『三娘教子』の薛倚哥など。

旦行（旦行 dànháng）：
【専門用語】女役。青衣、花旦、花衫、刀馬旦、武旦、老旦、彩旦などがある。

青衣（青衣 qīngyī）：
【専門用語】旦行の中で重要な位置を占めるため、「正旦」ともいう。青年から中年までの端正で重々しい、良妻賢母などの人物を演じ、歌を中心とする役。例えば『二進宮』の李艶妃など。⇒P138

花旦（花旦 huādàn）：
【専門用語】若い女性。未婚者が多い。性格が活発で、動きもすばしこい。演技と台詞を中心とする役。例えば『紅娘』の紅娘など。

⇒ P142

花衫 (花衫 huāshān)：
<small>ホワシャン</small>

【専門用語】一九二〇年代に作られた新しい行当。従来の青衣、花旦、武旦の限界を破り、旦行の演技範囲を広げた。例えば『覇王別姫』の虞姫など。⇒ P139

刀馬旦 (刀马旦 dāomǎdàn)：
<small>ダオマァダン</small>

【専門用語】武芸に秀でる女性で、鎧を付け、通常、長い武器を持つ。例えば『扈家庄』の扈三娘など。

武旦 (武旦 wǔdàn)：
<small>ウゥダン</small>

【専門用語】武芸に秀でる女性。例えば『打焦贊』の楊排風など。⇒ P144

老旦 (老旦 lǎodàn)：
<small>ラオダン</small>

【専門用語】老女を演じ、歌も台詞も地声（本嗓、大嗓ともいう）を使う。例えば『赤桑鎮』の呉妙貞など。

彩旦 (彩旦 cǎidàn)：
<small>ツァイダン</small>

【専門用語】「丑婆子」ともいう。道化役を担当することが多い。地声を使って、京白をいう。例えば『拾玉鐲』の劉媒婆など。⇒ P140

浄行 (净行 jìngháng)：
<small>ジンハァン</small>

【専門用語】隈取をした男性。正浄、大花臉、銅錘、黒頭、副浄、架子花臉、二花臉、武浄、武花臉、摔打花臉などがある。

正浄 (正净 zhèngjìng)：
<small>ヂョンジィン</small>

【専門用語】浄行の中で重要な位置を占めるため、正浄と呼ばれる。剛直な人や、一本気で人におもねることを知らない人物を演じ、歌を中心とした役。例えば『打龍袍』の包拯など。

大花臉 (大花脸 dàhuāliǎn)：
<small>ダァホワリエン</small>

【専門用語】頭のてっぺんまで化粧するので、こう名付けられた。

第一章 役者篇 ① 役作り

銅錘花臉（铜锤花脸 tóngchuí huāliǎn）：
【専門用語】『二進宮』の徐延昭が、皇帝からの賜りものの銅錘を持ったことから、こう名付けられた。後に重臣で、唱を主とする役に広げて、呼称するようになった。⇒ P138

黒頭（黑头 hēitóu）：
【専門用語】正浄の包公という人物の隈取が黒なので、こう名付けられた。例えば『探陰山』の包公など。

副浄（副净 fùjìng）：
【専門用語】正浄に対して、演技、功架（身体のポーズなど）を中心とすることから副浄と呼ばれる。「架子花臉」「二花臉」ともいう。例えば『失街亭、空城計、斬馬謖』の馬謖など。

武浄（武净 wǔjìng）：
【専門用語】立ち回りを中心とする浄。「武花臉」「摔打花臉」ともいう。例えば『白水灘』の青面虎など。

末、外（末、外 mò、wài）：
【専門用語】末は、元代雑劇および明代、清代の傳奇など古典劇における重要な行当で、外も行当の一つ。京劇の初期には生、旦、浄、末、丑の五種類が存在した。末、外と生の違いは、主に芝居の中に占める重要度によるもので京劇が完成してからは、生が主役となり、末と外は次第に生と合併して、配役の中に取り込まれ、独立した存在ではなくなった。現在の里子老生、二路老生がそれに当たる。

丑行（丑行 chǒuháng）：
【専門用語】道化役。文丑、小花臉、三花臉、方巾丑、袍帯丑、茶衣丑、武丑、開口跳などがある。

文丑児（文丑儿 wénchǒur）：
【専門用語】台詞、演技を中心とした道化役。例えば『玉堂春』の崇公道など。

小花臉 (小花脸 xiǎohuāliǎn)：
【専門用語】丑行の化粧は、顔の真ん中と鼻の上を白く塗る。大花臉に対応した呼び方で、「三花臉」ともいう。

方巾丑 (方巾丑 fāngjīnchǒu)：
【専門用語】方巾という被り物を被っているので、こう名付けられた。文人役。例えば『群英会』の蒋干など。⇒ P137

袍帯丑 (袍带丑 páodàichǒu)：
【専門用語】蟒袍を着て、玉帯を付けているので、こう名付けられた。小さい官僚役。例えば『審頭刺湯』の湯勤など。

茶衣丑 (茶衣丑 cháyīchǒu)：
【専門用語】茶衣という衣装を着ているので、こう名付けられた。茶衣を着る人はほとんどが働く人。艄翁、漁翁、樵夫、酒保など。例えば『秋江』の艄翁など。⇒ P139

武丑児 (武丑儿 wǔchǒur)：
【専門用語】飛んだり、跳ねたり、立ち回りを中心とした道化役をいう。例えば『三岔口』の劉利華など。⇒ P143

開口跳 (开口跳 kāikǒutiào)：
【専門用語】登場するなり、話をしながらすばやい動きをするので、こう名付けられた。例えば『時遷偸鶏』の時遷など。

班底 (班底 bāndǐ)：
【専門用語】『底包』ともいう。昔、劇団のことを「戯班」と呼んだが、底は、主役以外の登場人物および参加スタッフのこと。建物を支えている土台から、班底と呼ばれた。

底包 (底包 dǐbāo)：
【専門用語】主役以外の参加スタッフ。

掃辺 (扫边 sǎobiān)：
【専門用語】脇役のこと。例えば『失空斬』の旗牌、『秦香蓮』

の門官など。よく舞台の端っこに立っていたので、こう名付けられた。

旗鑼傘報 (旗锣伞报 qíluó sǎnbào):

【専門用語】脇役のこと。旗は、旗を持つ人、鑼は、銅鑼を敲く人、傘は、貴人、主人の後ろで傘を持つ人、報は、情報を知らせる人を指す。

四樑八柱 (四梁八柱 sìliáng bāzhù):

【専門用語】劇団で大きな役割を果たす各行当の数名の主役級のこと。樑、柱は、建物の樑、柱を指す。

院子過道 (院子过道 yuànzi guòdào):

【専門用語】院子という役で、具体的な名前はない。お客さんにお茶や水などを出したり、呼び出しをしたり、暇な時は庭や廊下(過道ともいう)、通路などに立っていて、主人の世話をしていたのでこう名付けられた。

門子 (门子 ménzi):

【専門用語】脇役。官吏や役人のお供をする人。いつもすぐそばに立っていて、返事をしたり、人を呼んだりするが、官職はなく、名前もない。例えば『三堂会審』の役人のそばに立っている三人は門子である。

報子 (报子 bàozi):

【専門用語】脇役。知らせを伝え、情報を伝達する人。よく、右手に「報」という字の書かれた旗を持っているので、こう名付けられた。

龍套 (龙套 lóngtào):

【専門用語】脇役。四人一組で登場する。同じ龍套衣などを着ているので、こう名付けられた。

大鎧 (大铠 dàkǎi):

【専門用語】脇役。鎧甲という服を着ているので、こう名付けられ

た。貴族の儀仗兵、龍套より身分が高いが、舞台での役目などは、龍套と同格。

刀斧手（刀斧手 dāofushǒu）:
【専門用語】脇役。専用の赤い服を着て刀を持ち、役所の入り口などの両側に立っていて、厳めしい雰囲気を作り出す。例えば『三堂会審』の刀斧手など。

青袍（青袍 qīngpáo）:
【専門用語】脇役。青い服を着ているので、こう名付けられた。特に名前はないが、文官のお供をする人。

校尉（校尉 xiàowei）:
【専門用語】脇役。高級官吏の衛士。

太監（太监 tàijian）:
【専門用語】脇役。皇宮内の世話をする宦官。

牢子（牢子 làozi）:
【専門用語】脇役。「牢子手」ともいう。刑場などで刑を実行する人。例えば『野猪林』の牢子手など。

馬童（马童 mǎtóng）:
【専門用語】脇役。「馬夫」ともいう。具体的な名前はなく、馬を牽く人。主人公が登場する前に飛んだり、跳ねたりして、雰囲気を作り出す。例えば『昭君出塞』の馬童など。

武行（武行 wǔháng）:
【専門用語】脇役。「打英雄」ともいう。戦闘中の兵士や、立ち回りを中心とする役だが、具体的な名前はない。戦うときは、両者を区別するため上手、下手という。俗称「上下手」。

反座子（反座子 fǎnzuòzi）:
【専門用語】主人公と戦う敵側の人物。例えば『白水灘』の主人公・十一郎と戦う相手の青面虎は反座子。

第一章　役者篇　①　役作り

宮女児丫鬟 （宮女儿丫鬟　gōngnǚr yāhuan）：
【専門用語】脇役。皇后や貴妃、貴婦人などの世話をする下女。専用の宮女服を着ており、龍套の役目と同じ。

② **基本功**<ruby>ジィーベンゴォン</ruby>：

中国演劇の程式動作、虚擬動作、技を表現するための基礎。通常、幼い頃、身体がまだ柔らかいうちから、訓練し始める。

唱<ruby>チァァン</ruby>（唱 chàng）：

【専門用語】歌を歌う。『唱 功』<ruby>チァァンゴォン</ruby>ともいう。

喊嗓子<ruby>ハンサァンヅ</ruby>（喊嗓子 hǎnsǎngzi）：

【専門用語】発声練習。役者は、朝起きると、朝食前に、低音から高音へ段々と、口を開けた「あ」と口を横にひいた「い」の音及び曲を繰り返して訓練する。

吊嗓子<ruby>ディアオサァンヅ</ruby>（吊嗓子 diàosǎngzi）：

【専門用語】京胡という楽器の伴奏と一緒に、歌の練習すること。

大嗓儿<ruby>ダァサァンル</ruby>（大嗓儿 dàsǎngr）：

【専門用語】本来の声。地声。老生、老旦の役は使う。『真 嗓』<ruby>ヂュンサァン</ruby>、『本 嗓』<ruby>ベンサァン</ruby>ともいう。

小嗓儿<ruby>シアオサァンル</ruby>（小嗓儿 xiǎosǎngr）：

【専門用語】作り声、裏声。青衣、小生の役は、使う甲高い声。『假嗓』<ruby>ジアサァン</ruby>ともいう。

左嗓儿<ruby>ヅゥオサァンル</ruby>（左嗓儿 zuǒsǎngr）：

【専門用語】高い音域により得意な声を出せることを言う。

冒嚎儿<ruby>マオハオル</ruby>（冒嚎儿 màoháor）：

【専門用語】歌っている途中で、声のコントロールが効かなくなって、おかしな声を出すこと。『刺花』<ruby>ツーホワ</ruby>ともいう。

倒倉<ruby>ダオツァン</ruby>（倒仓 dǎocāng）：

【専門用語】男性の変声期を指す。倒倉の時期にあることを『倉門』<ruby>ツァァンメン</ruby>という。

第一章　役者篇　② 基本功

冒調 (冒调 màodiào)：マオディアオ
【専門用語】調子、フシ、メロディーより高く外れて歌うこと。

塌調 (塌调 tādiào)：タアディアオ
【専門用語】調子、フシ、メロディーより低く外れて歌うこと。

走調 (走调 zǒudiào)：ヅォウディアオ
【専門用語】冒調、塌調を指す。『不搭調』(ブゥダァディアオ)ともいう。

字正腔圓 (字正腔圆 zìzhèng qiāngyuán)：ヅーヂョンチアンユエン
【専門用語】字正とは、正しく字を発音すること。腔圓とは、歌の最後まで円やかに節を外さず歌うこと。舞台上の唱や台詞について、更に役者に求められること。

対唱 (对唱 duìchàng)：ドゥイチャアン
歌の形式の一つ。歌のやりとりをすること。例えば『四郎探母』(スーラァンタンムゥ)の楊延輝(ヤンイエンホゥイ)と鉄鏡公主(ティエジィンゴォンヂュウ)の唱など。

聯唱 (联唱 liánchàng)：リエンチャアン
歌の形式の一つ。三人で歌のやりとりをすること。例えば『二進宮』(アルジィンゴォン)の李艷妃(リイイエンフェイ)、徐延昭(シュイイエンヂャオ)、楊波(ヤンボォ)の唱など。歌詞の最後に重ねて、次の人が歌い出す。『魚咬尾』(ユイヤオウェイ)ともいう。

清唱 (清唱 qīngchàng)：チィンチャアン
【専門用語】化粧もせず、衣装も着けずに歌を歌うこと。

彩唱 (彩唱 cǎichàng)：ツァイチャアン
【専門用語】本番同様に、伴奏つきで、化粧も衣装もして、歌を歌うこと。

五音不全 (五音不全 wǔyīn bùquán)：ウゥインブゥチュエン
五音とは、唇音 (b、p、m、f)、舌音 (d、t、n、l)、歯音 (z、c、s)牙音 (j、q、x)、喉音 (g、k、h) を指す。不全とは、揃っていないことで、歌が上手く歌えないことをいう。音痴。

念 (念 niàn)：
【専門用語】台詞をいう。『念功』ともいう。

京白 (京白 jīngbái)：
【専門用語】台詞の一種。加工された北京語に近い台詞で、濃厚な生活の匂いを持つ。通常、彩旦、若く活発な女性役の花旦、道化役の丑が使う。

韻白 (韵白 yùnbái)：
【専門用語】台詞の一種。リズムよく、独特の抑揚でゆったりと韻を踏んだ台詞。通常、老生、小生、青衣、花臉、老旦役が使う。

引子 (引子 yǐnzi)：
【専門用語】台詞の一種。前半を読み、後半を歌う形式で、初めて登場するときに使う。例えば『銚期』の銚期は登場して「終朝邊塞、鎮胡奴……」（今まで前線にいて、敵を抑えて……）という一節を「終朝邊塞」の部分は言い、「鎮胡奴」の部分は歌う。

定場詩 (定场诗 dìngchǎngshī)：
【専門用語】台詞の一種。引子の後に詠む詩。「上場詩」、「坐場詩」ともいう。例えば『宇宙鋒』の趙高は、登場して引子を言ってから「世人道我奸、我笑世人偏、若得真富貴、怎能両周全。」（私は世間に悪人と言われ、私が、世の中の人を偏見と言う、富貴を得たければ、両方全うすることができないのだ）の詩をいう。
⇒ P138

数板児 (数板儿 shǔbǎnr)：
【専門用語】台詞の一種。リズムに合わせ朗誦する台詞で、通常、道化役が使う。例えば『六月雪』の禁婆子がいう「我做…我做禁婆子管囚牢、十個人見了九個人愁：有銭的、是朋友、没銭的、打不休来罵不休；哪怕犯人跟我做対頭—做対頭。」（私は牢屋の管理人となり、私に会えば十人中に九人まで嫌がれる。金持ちなら友達、貧乏人とはいつまでも喧嘩している。犯人とやりあったって、へっ

ちゃらさ）など。

上場対児　シャァンチャァンドゥイル（上场对儿 shàngchǎng duìr）：

【専門用語】台詞の一種。人物が登場し、簡単明瞭の二句をいう。例えば『四郎探母』の簫太后が登場していう「撒下鷹鷂去、捉拿燕子帰（餌をまいて、燕を捉まえる）」など。二人で一句ずつ、分けていうこともある。『群英会　チュンインインホゥイ』の蔡中　ツァイヂォンが登場し「離了曹営地　ファイホァ（曹操の陣営を離れて）」といい、蔡和が「来此是東呉（東呉に来た）」というなど。

下場対児　シアチャァンドゥイル（下场对儿 xiàchǎng duìr）：

【専門用語】台詞の一種。人物が退場する前に、それまでの経緯の二句をいう。例えば『悦来店　ユエライディエン』の十三妹がいう「正是：要知心腹事、但聴口中言（まさにこの通り：心に考えていることを知りたければ、口から出てきた言葉を聞けば判る）」など。また、二人で一句ずつを分けていう。例えば『空城計　コォンチョンヂィ』の老軍の甲は「丞相吩咐我（軍師から命令をもらった我々は）」といい、乙が「準死不能活（命を落とすに違いない）」というなど。⇒ P136

打背躬　ダァベイゴォン（打背躬 dǎbèigong）：

【専門用語】台詞の一種だが、台詞を言わないこともある。内なる心を観客に聞かせたり、見せることなど。「独白　ドゥバイ」、「内心独白　ネイシンドゥバイ」ともいう。例えば『捉放曹　ヂュオファンツァオ』の陳宮　チェンゴォンの歌詞「聴他言吓得我心驚胆怕、背転身自埋怨我自己做差……（彼の話を聞いて、怖くて驚いた、よく考えたら自分は自分に間違ったことを咎めるべきだ……）」、また『戦馬超　ヂャンマァチャオ』の馬超　マァチャオと張飛　ヂャンフェイはお互いに「誇将　クヮジアン」という動きをして相手を褒め合うなど。⇒ P144

搭架子　ダァジアヅ（搭架子 dājiàzi）：

【専門用語】台詞の一種。例えば、店の人や町の人などが姿を出さずに、上手、あるいは、下手から舞台にいる人物と会話すること。例えば『蘇三起解　スッサンチィジエ』の崇公道は「有上南京去的没有啊？」（南京へ行く人はいないか？）という問いかけに対して、下手の幕の内から

「上南京去的前三天都走啦。(南京へ行く人は三日前に皆、行った。)」
と応答するなど。⇒ P141

叫板 （叫板 jiàobǎn）：
【専門用語】台詞の一種。歌う前の台詞を高く言って、伴奏者に合図を送ること。

做 （做 zuò）：
【専門用語】仕草をする。「做功」ともいう。舞台セットをほとんど使わない伝統劇においては、仕草の約束事を指す。

程式動作 （程式动作 chéngshì dòngzuò）：
【専門用語】程式は、規程、規範化の意味。舞台の演技では、自然のままであることは提唱しない。そのため、日常生活の動きを美の原則により抽出し、統合し、装飾的、芸術的に誇張した動作をする。例えば、『台歩』、『圓場』など。

起霸 （起霸 qǐbà）：
【専門用語】古代の武将たちが、出陣前に覇気を示し、戦いの気分を奪い立たせる動き。

双人起霸 （双人起霸 shuāngrén qǐbà）：
【専門用語】二人同時に下手と上手から登場し、起霸をすること。

正霸 （正霸 zhèngbà）：
【専門用語】下手からの起霸。

反霸 （反霸 fǎnbà）：
【専門用語】上手からの起霸。

亮靴底儿 （亮靴底儿 liàng xuēdǐr）：
【専門用語】舞台上の歩き方。程式動作の起霸に、人物の気勢、風格を表すため、「厚底靴」の底を観客に見せるような動き。

走辺 (走边 zǒubiān)：

【専門用語】人物が道を急ぐ様子を表すこと。武芸に優れることを表現するには「跨虎」「踢腿」「飛天十三響」で、身体を屈めて道を見ることは「射雁」で、山を登るや溝を渡ることは「飛脚」で、道を飛ぶように速く走ることは「蹦子」「旋子」などで表現する。

旋子

響辺 (响边 xiǎngbiān)：

【専門用語】走辺の中に曲牌を歌い、打楽器の伴奏も伴う。

啞辺 (哑边 yǎbiān)：

【専門用語】走辺の中で、堂鼓だけを伴う。

趟馬 (趟马 tāngmǎ)：

【専門用語】馬に乗る演技（真似）をしながら、技を見せつつ踊ること。通常、役者が右手で鞭を持ち、「圓場」、「翻身」、「勒馬」、「三打馬」などの動きをする。決められた動き以外に、役者それぞれに見せ場を作られている。「馬趟子」ともいう。

勒馬 (勒马 lēimǎ)：

馬を牽く動き。

双人趟馬 (双人趟马 shuāngrén tāngmǎ)：

【専門用語】二人で趟馬をすること。

多人趟馬 (多人趟马 duōrén tāngmǎ)：

【専門用語】何人かで趟馬をすること。

編辮子 (编辫子 biānbiànzi)：

京劇の舞台表現形式の一つ。通常、三人で登場する。真ん中の人は舞台左側へ歩き始め、後の二人も同時に、Ｓの形で動き出す。髪の毛を三つ編むように歩き、真正面に遇うとき背中を躱すことで、後

ろに付いていくこと、道を急いでいることを表現する。

虚擬動作 (虚拟动作 xūnǐ dòngzuò)：
【専門用語】実物がないものを真似する動き。あるいは小道具を使って、演技すること。例えば上着の裾をたくし上げて、中から餌を出して撒く動きをして、鶏に餌をやることを表す。小道具の鞭を使うことで、馬に乗っていることを表す。

上馬下馬 (上马下马 shàngmǎ xiàmǎ)：
虚擬性の動き、鞭を使って、馬に乗り下りすることを表現する。これには文官、武将の区別がある。馬に乗るとき、文人は鞭を取り、左足を少し上げて、右足で馬に乗るような動作をし、鞭を高く上げて、馬に乗ったことを表現する。一方、武将が馬に乗るとき、両足で「翻身」「飛脚」などの技を使い、見せ場を作る。馬を下りる動作はほぼおなじだが、武将の動きのほうがやや大きい。

上船下船 (上船下船 shàngchuán xiàchuán)：
虚擬性の動き、櫂を使って、船に乗り下りすることを二人で相対して表現する。乗るときはオールを持つ方がオールを横にして握り手を作り、もう一人がそれを握って、軽くジャンプすると同時に二人順番に身体を上下に揺り動かし、船に乗ったことを表す。下りるときは、オールを持つ方に背中を向け、軽くジャンプして、船から下りる動作をする。例えば『秋江』の陳妙常と船頭の動きなど。
⇒ P139

上楼下楼 (上楼下楼 shànglóu xiàlóu)：
虚擬性の動き、階段を上り下りすることを表現する。片手で手摺を持つ仕草をして、上を見ながら一歩ずつ、上がっていく。逆は、下を見ながら一歩ずつ歩いて階段を下りることを表現する。どちらのときも階段の歩数は、必ず同じにする。

上轎下轎 (上轿下轿 shàngjiào xiàjiào)：
虚擬性の動き、駕籠に出入りすることを表現する。甲が駕籠掛けを

持ち上げる振りをして、乙が頭を下げて入り、駕籠掛けを下すと、駕籠に乗ったことを表す。逆に乙が頭を下げて、後ろから一歩前に出てくれば、駕籠から出てきたことを表す。

開門関門カイメングワンメン（开门关门 kāimén guānmén）：

虚擬性の動き、ドアを開け閉めすることを表す。役者が左手で門に触れる振りをして、右手で閂を抜き、両手で門を持って、自分の方へ観音開きにする動作がドアを開けたこと。逆に両手で門を持って、向こう側で合わせ閉め、左手でドアに触れる振りをしながら、右手で閂を左へかけて、ドアを閉めることを表す。

進門出門ジンメンチュウメン（进门出门 jìnmén chūmén）：

虚擬性の動き、門から出入りすることを表現する。役者が右手で門のかまちに触れる振りをして、左足で一歩敷居を超えて門を出入りする。役者が観客のほうを向いている場合は、門から出ること、後ろ姿の場合は、門の中に入ることを表す。

打ダァ（打 dǎ）：

【専門用語】立ち回りをする。『武打ウゥダァ』ともいう。

武打套路ウゥダァタオルゥ（武打套路 wǔdǎ tàolù）：

【専門用語】立ち回りの一揃い、セットに成ったもの。

槍架子チアンジアツ（枪架子 qiāngjiàzi）：

【専門用語】槍と槍の立ち回り。

打出手ダァチュウショウ（打出手 dǎchūshǒu）：

【専門用語】立ち回りの表現形式。乙は槍で相手を刺すように槍を空中へ投げ、甲が足で飛んできた槍を蹴り返す。『踢出手ティーチョウショウ』ともいう。

踢出手

打連環ダァリエンホワン（打连环 dǎliánhuán）：

【専門用語】双方一人ずつ順番で戦うこと。

档子（档子 dàngzi）:
【専門用語】立ち回りの表現形式。例えば、『四股档』、『八股档』、『荡子』『群荡子』ともいう。

打单对児（打单对儿 dǎdānduìr）:
【専門用語】二人の立ち回り。

接攅（接攒 jiēcuán）:
【専門用語】二人の立ち回りをしている間に、人が増えてくる。

四面跟頭（四面跟头 sìmiàn gēntou）:
【専門用語】跟頭はとんぼ返り、宙返りのこと。四つの方向に空中とんぼ返りをすること。

串児跟頭（串儿跟头 chuànrgēntou）:
【専門用語】一つのとんぼ返りを連続して行うこと。例えば、『串小翻』、『串案頭』、『串加官』など。

手（手 shǒu）:
手勢と言い、指、拳、掌など。手の様々な使い方を指す。

指式（指式 zhǐshì）:
指の使い方、指の形。左右同じ。

賛美指（赞美指 zànměizhǐ）:
親指を立てること。相手を褒める時に使う。

蘭花指（兰花指 lánhuāzhǐ）:
指の形が蘭の花の形に似ているため、こう名付けられた。

佛手指（佛手指 fóshǒuzhǐ）:
指の形が仏像の手に似ているため、こう名付けられた。

荷葉指（荷叶指 héyèzhǐ）:
指の形が蓮の葉に似ているため、こう名付けられた。

第一章　役者篇　②　基本功

剣指（剑指 jiànzhǐ）：
剣を持ち、人を指すときに使われる指の形。

自指（自指 zìzhǐ）：
自分のことを指で指すこと。

怒指（怒指 nùzhǐ）：
怒って、相手を指で指すこと。よく指を震わせながら、相手を指す。

表数指（表数指 biǎoshùzhǐ）：
回数、時間などを指で表現すること。

貶意指（贬意指 biǎnyìzhǐ）：
小指を立てることで、相手をからかったり、軽視するときに使う。

拳式（拳式 quánshì）：
拳の使い方や形。左右同じ。

方拳（方拳 fāngquán）：
男性兵士の拳のこと。大、空、松の要領で、拳を作る。大とは、できるだけ大きな拳を作り、空とは、手の真ん中を空ける。松とは、指と指の間に余裕を持たせる。役柄によって、拳の作り方も違う。例えば、女性の拳の小指は、ほとんど伸びているように見える。

提拳（提拳 tíquán）：
拳の使い方の一つ。鎧を持っている拳のこと。

挙拳（举拳 jǔquán）：
拳の使い方の一つ。両手を高く上げる拳のこと。

比武拳（比武拳 bǐwǔquán）：
拳の使い方の一つ。二人が武芸を比べるときに使う拳。

螺拳（螺拳 luóquán）：
拳の使い方の一つ。孫悟空用の拳。

掌 式 (掌式 zhǎngshì):
掌の使い方、形。左右同じ。

老生掌式 (老生掌式 lǎoshēng zhǎngshì):
老生役の掌のこと。穏やかで優しい掌になる。瓦に似ているので『瓦楞掌』ともいう。

武生掌式 (武生掌式 wǔshēng zhǎngshì):
武生役の掌のこと。力強い掌になる。

小生掌式 (小生掌式 xiǎoshēng zhǎngshì):
小生役の掌のこと。掌心を凹の形にする。

浄行掌式 (浄行掌式 jìngháng zhǎngshì):
浄役の掌のこと。荒削りな性格で、活力が感じられる、豪放な掌になる。

丑行掌式 (丑行掌式 chǒuháng zhǎngshì):
道化役の掌のこと。小指と薬指が少し離れているように見える。

旦行掌式 (旦行掌式 dànháng zhǎngshì):
旦役の掌のこと。親指は中指の第二関節に寄せる。『蘭花掌』ともいう。

托天掌 (托天掌 tuōtiānzhǎng):
高く上げる掌のこと。人物の強い気持ちを表現する。

按掌 (按掌 ànzhǎng):
気持ちを落ち着けたり、相手に心配しないよう伝えたり、慰めるときに使う掌。

立掌 (立掌 lìzhǎng):
刀を比喩するときに使う掌。

猴児掌 (猴儿掌 hóurzhǎng):
孫悟空用の掌。

第一章　役者篇　②　基本功

イエン
眼（眼 yǎn）：
眼神と言い、目の表情を指す。

シアオイエン
笑眼（笑眼 xiàoyǎn）：
嬉しいとき、顔の表情に合わせて、楽しそうな目にする。

ハンシウイエン
含羞眼（含羞眼 hánxiūyǎn）：
顔の表情に合わせて、恥ずかしそうな目にする。

ジィンシィイエン
驚喜眼（惊喜眼 jīngxǐyǎn）：
顔の表情に合わせて、喜び、驚いた目にする。

シィアイイエン
喜愛眼（喜爱眼 xǐàiyǎn）：
顔の表情に合わせて、愛しそうな目にする。

メイイエン
媚眼（媚眼 mèiyǎn）：
顔の表情に合わせて、なまめかしく、媚びたような目にする。

シィカンイエン
細看眼（细看眼 xìkànyǎn）：
顔の表情に合わせて、物を見る目にする。例えば手紙を読むときなど。

スースゥオイエン
思索眼（思索眼 sīsuǒyǎn）：
顔の表情に合わせて、考え事をしている目にすること。あるいは、敵の武器が顔の両側から攻めてきた瞬間、目を左右にすばやく動かして、すぐに対抗すること。『左右櫻眼』、『轉眼珠』ともいう。
（ヅゥオヨウツィンイエン）（チュワンイエンヂュウ）

ジィンイエン
驚眼（惊眼 jīngyǎn）：
顔の表情に合わせて、びっくり仰天した目にする。『怕眼』ともいう。
（パァイエン）

レゥンイエン
冷眼（冷眼 lěngyǎn）：
顔の表情に合わせて、怒り、睨むような目にする。

第一章　役者篇　②　基本功

蔑視眼（蔑視眼 mièshìyǎn）:
顔の表情に合わせて、相手を蔑視した、下に見た目にする。

醉眼（醉眼 zuìyǎn）:
顔の表情に合わせて、酔っぱらって、おかしな目にする。

呆眼（呆眼 dāiyǎn）:
顔も目も無表情に、停止した目にする。

怒眼（怒眼 nùyǎn）:
顔の表情に手の動きも合わせて、敵視した目にする。

嬌眼（娇眼 jiāoyǎn）:
顔を上げて、両側の上方を見ること。

瘋眼（疯眼 fēngyǎn）:
顔の表情に合わせて、気の狂った目にする。

哀盼眼（哀盼眼 āipànyǎn）:
顔の表情に合わせて、身体を少し前へ傾け、首を長くして待ち焦がれる目にする。

身（身 shēn）:
身体と言い、上半身、下半身、手、足など身体全体のバランスを指す。

山膀（山膀 shānbang）:
【専門用語】程式動作。両腕を山並みのように開く動き。役柄によって、幅、速度などが異なる。「老生山膀」、「武生山膀」、「小生山膀」、「浄行山膀」、「丑行山膀」、「旦行山膀」がある。

拉山膀（拉山膀 lāshānbang）:
【専門用語】山膀をすること。

耗山膀（耗山膀 hàoshānbang）:
【専門用語】山膀のポーズをしたまま、長時間、静止すること。

第一章　役者篇　②　基本功

ダンシャンバァン
単山膀（单山膀 dānshānbang）：
【専門用語】片手で山膀をすること。左右同じ。

ユィンショウ
雲手（云手 yúnshou）：
【専門用語】程式動作。手の動きが、雲の移動のようなので、こう名付けられた。役柄によって、幅、速度なども異なる。

ファア
法（法 fǎ）：
方法と言い、各基本功のスタンダードやコツを指す。中国語では「法」と「髪」の発音が同じなので、「甩　髪」の髪の説もある。
　　　　　　　　　　　　　　　　　　シュワイファア

ブゥ
步（步 bù）：
歩伐と言い、立ち方、歩き方などを指す。

ディンズブゥ
丁字步（丁字步 dīngzìbù）：
【専門用語】舞台上の立ち方。右足は後ろに左足は前に、「丁」という字に似ているので、こう名付けられた。

バァズブゥ
八字步（八字步 bāzìbù）：
【専門用語】舞台上の立ち方。両足を「八」の字の形にするため、こう名付けられた。

ゴォンジエンブゥ
弓箭步（弓箭步 gōngjiànbù）：
【専門用語】舞台上の立ち方。弓を射る時に、よく使われるので、こう名付けられた。

マァブゥ
馬步（马步 mǎbù）：
【専門用語】舞台上の立ち方。姿勢が馬に乗っているようなので、こう名付けられた。『騎馬蹲襠式』ともいう。
　　　　　　　　　　　チィマァドゥンダァンシー

ホワブゥ
滑步（滑步 huábù）：
【専門用語】舞台上の歩き方。『跌歩』ともいう。足を滑らせ、後
　　　　　　　　　　　　　　ディエブゥ
ろへ倒れることを「後跌步」と言い、足を滑らせ、前へ倒れることを『前跌步』『栽步』ともいう。
　　チェンディエブゥ　ヅァイブゥ

31

老頭步 _{ラオトウブゥ} (老头步 lǎotóubù):

【専門用語】舞台上の年を取った人の歩き方。

跪步 _{グゥイブゥ} (跪步 guìbù):

【専門用語】舞台上の歩き方。片足の膝を地面に付けて歩くこと。年配の人が追いかける力がないとき、また怒るときに使う。『跪蹉_{ツゥオ}』ともいう。

醉步 _{ヅゥイブゥ} (醉步 zuìbù):

【専門用語】舞台上で、酒に酔ったときの歩き方。例えば『上_{シャァン}天台_{ティエンタイ}』の劉秀など。

旗鞋步 _{チィシエブゥ} (旗鞋步 qíxiébù):

【専門用語】舞台上の歩き方。清朝満州族の女性の履く旗鞋の歩き方。旗鞋は底の真ん中だけ、高くしてあるので、慣れるまで、歩くのに練習が必要。例えば『大登殿_{ダァデゥンディエン}』の代戦公主_{ダイチャンゴゥンヂュウ}など。

雲步 _{ユィンブゥ} (云步 yúnbù):

【専門用語】舞台上の歩き方。雲の上にいること、あるいは、船に乗っているときに使う。

矮子步 _{アイヅブゥ} (矮子步 ǎizibù):

【専門用語】舞台上の歩き方。しゃがんだまま、足の踵を地面から離れて歩くこと。道化役が使う。例えば『扈家荘_{ホゥジアジュアン}』の王英_{ワァンイン}など。

分水步 _{フェンシュイブゥ} (分水步 fēnshuǐbù):

【専門用語】舞台上の歩き方。しゃがんだまま、足の踵が地面から離れて、横へジャンプしながら移動する。同時に両手を両側へ行ったり来たりさせる歩き方。例えば『雁蕩山_{イエンダァンサン}』のラッパ手役など。

瘸步 _{チュエブゥ} (瘸步 quèbù):

【専門用語】舞台上の片足をひきずる人の歩き方。例えば『八仙_{バァシエン}過海_{グゥオハイ}』の鉄拐李_{ディエグワイリィ}など。

第一章　役者篇　②　基本功

台步（台步 táibù）：
【専門用語】舞台上の歩き方。人物の身分、風格を表すために、一歩ずつゆっくり歩くこと。例えば『鍘美案』の包公など。

圓場（圆场 yuánchǎng）：
【専門用語】舞台上の歩き方。円の形で歩くため、「跑圓場」ともいう。「正圓場」は、反時計回りにゆっくり歩く始め、徐々に速くなる。円形、直線、S形、八形の種類がある。時計回りの場合は、「反圓場」となる。

四功五法（四功五法 sìgōng wǔfǎ）：
【専門用語】基本功の唱、念、做、打を『四功』といい、手、眼、身、法、歩を『五法』という。これらを総称して『四功五法』という。

毯子功（毯子功 tǎnzigōng）：
【専門用語】逆立ち、色々なとんぼ返りや宙返りの基本功。怪我をしないよう絨毯の上で訓練するため、こう名付けられた。

趨步（趋步 qūbù）：
【専門用語】とんぼ返りをする前の助走のこと。『助跑』ともいう。

抄功（抄功 chāogōng）：
【専門用語】毯子功を練習する生徒を指導、補助する先生。『抄功老師』ともいう。

正把（正把 zhèngbǎ）：
【専門用語】毯子功を練習するとき、生徒の右側にいる「抄功老師」のこと。左側にいる「抄功老師」のことを『旁把』という。『上把、下把』ともいう。

前毛儿（前毛儿 qiánmáor）：
【専門用語】前転。

倒毛儿（倒毛儿 dàomáor）：
【専門用語】後転。『後毛』ともいう。

虎跳（虎跳 hǔtiào）:
_{ホゥティアオ}
【専門用語】側転。

小翻児（小翻儿 xiǎofānr）:
_{シアオファンル}
【専門用語】バック転。

前撲（前扑 qiánpu）:
_{チエンプゥ}
【専門用語】前転。『団身前空翻』ともいう。

翻三様（翻三样 fānsānyàng）:
_{ファンサンヤン}
【専門用語】三つの違う技を繋げて、一つのとんぼ返りをすること。

僵屍（僵尸 jiāngshī）:
_{ジアンシー}
【専門用語】身体を硬直させたまま、後ろに倒れること。気を失う、気絶する、死ぬことを表現する。

下高（下高 xiàgāo）:
_{シアガオ}
【専門用語】机の上から技を見せながら下りてくること。他には、「踺子」、「跴子」、「蹉子」、「単提」、「蛮提」、「倒扎虎」、「加官」、「案頭」、「扑虎」、「入洞」、「叠肩」、「抢背」、「過包」、「轉包」、「跨包」、「滾背」、「背口袋」、「九毛」、「雲里翻」などがある。

腿功（腿功 tuǐgōng）:
_{トゥイゴォン}
【専門用語】足の柔軟性および力、速度などの訓練。

耗腿（耗腿 hàotuǐ）:
_{ハオトゥイ}
【専門用語】足の柔軟訓練。片足をバーに乗せて、筋を伸ばすこと。

圧腿（压腿 yàtuǐ）:
_{ヤァトゥイ}
【専門用語】足の柔軟訓練。耗腿をしたまま、両手を上げ、身体を前後に動かして筋を伸ばすこと。

圧正腿（压正腿 yàzhèngtuǐ）:
_{ヤァヂョントゥイ}
【専門用語】圧腿と同じ動きで、地面に付けた足の向きを真正面にして、筋を伸ばすこと。

第一章　役者篇　②　基本功

圧旁腿（圧旁腿 yàpángtuǐ）：
【専門用語】圧正腿と同じ動きで、地面に付けた右足の向きを四十五度右へ開き、左手を身体の前に、右手は高く上げて、筋を伸ばすこと。

吊腿（吊腿 diàotuǐ）：
【専門用語】足の柔軟訓練。紐で足を縛って、引き上げて上から吊るすこと。

劈岔（劈岔 pǐchà）：
足の柔軟訓練。開脚。

撕腿（撕腿 sītuǐ）：
【専門用語】足の柔軟訓練。開脚の姿勢のまま、筋を伸ばすこと。

踢腿（踢腿 tītuǐ）：
【専門用語】圧腿の直後、伸びた筋が戻らないうちに、素早く上に蹴ること。

踢正腿（踢正腿 tīzhèngtuǐ）：
【専門用語】両手を肩と同じ高さに上げ、片足を額の高さを目標に素早く蹴り上げること。

踢旁腿（踢旁腿 tīpángtuǐ）：
【専門用語】踢正腿と同じ動きをしながら、身体の向きを四十五度変え、左耳の高さを目標に左足を蹴り上げること。

踢十字腿（踢十字腿 tīshízìtuǐ）：
【専門用語】踢正腿と同じ動きをしながら、左足を右耳の方へ蹴り上げること。

踢骗腿（踢骗腿 tīpiàntuǐ）：
【専門用語】両手を肩と同じ高さに上げ、踢十字腿の要領で左足を蹴り上げ、自分の目の前をぐるりと回して、左手と合わせて音を出してから、足を下すこと。目の前で円を描いているようなので『月

踢後腿（踢后腿 tīhòutuǐ）：

【専門用語】足を後方に蹴り上げること。頭の被り物を目標にするので、『倒踢紫金冠』ともいう。

趲子（趱子 zànzi）：

【専門用語】足を蹴り上げる練習の一つ。

十三響（十三响 shísānxiǎng）：

【専門用語】足と身体のバランス訓練。両手、両足、身体を使って、十三回音を出すこと。『飛天十三響』ともいう。

搬正腿（搬正腿 bānzhèngtuǐ）：

【専門用語】足の柔軟訓練。片足を手で持ち上げ、できるだけ額に近づけて止めること。

三起三落（三起三落 sānqǐ sānluò）：

【専門用語】足の柔軟訓練。搬正腿をしたまま、三回しゃがむこと。

射雁（射雁 shèyàn）：

【専門用語】両手を開き、左足を前へ上げ、身体を後ろへ傾けること。『踹丫』ともいう。

探海児（探海儿 tànhǎir）：

【専門用語】両手を開き、左足を後ろへ上げ、身体を前へ傾けること。

鉄門檻児（铁门槛儿 tiěmén kǎnr）：

【専門用語】右手は左足を身体の前で持って、輪を作り、右足で輪の前後にジャンプすること。

腿指対転（腿指对转 tuǐzhǐ duìzhuàn）：

【専門用語】足と手を反対方向へ回すこと。他には、「飛脚」、「旋子」、「蹦子」、「砍身」、「掃堂腿」、「双飛燕」、「和弄

豆汁」、「圧馬岔」、「摔　岔」、「跺泥」などがある。

腰功（腰功 yāogōng）：

【専門用語】腰の柔軟性及び力などの訓練。「下腰」、「甩腰」、「涮腰」、「前橋」、「后橋」、「臥魚」、「鷂子翻身」、「串翻身」などがある。

臥魚

鼎功（鼎功 dǐnggōng）：

【専門用語】逆立ち。『倒立』ともいう。

墙鼎（墙鼎 qiángdǐng）：

【専門用語】壁に向かって、逆立ちをする。

直鼎（直鼎 zhídǐng）：

【専門用語】腰を真っ直ぐにした逆立ち。

塌腰鼎（塌腰鼎 tāyāodǐng）：

【専門用語】腰を反った逆立ち。

空鼎（空鼎 kōngdǐng）：

【専門用語】足を空中に止めた逆立ち。

爬鼎（爬鼎 pádǐng）：

【専門用語】足の代わりに手で逆立ちをして歩くこと。

旱水（旱水 hànshuǐ）：

【専門用語】空鼎の姿勢のまま、足で様々なポーズを取ること。

三角鼎（三角鼎 sānjiǎodǐng）：

【専門用語】三点倒立。両手と頭を使うので、こう名付けられた。

把子功（把子功 bǎzigōng）：

【専門用語】把子とは、舞台に使われた兵器や武器の総称。転じて、兵器や武器を使った基本功を指す。

第一章　役者篇　②　基本功

戳槍式 （戳枪式 chuōqiāngshì）：
チュオチアンシー
【専門用語】槍の持ち方の一種。

斜垂式 （斜垂式 xiéchuíshì）：
シエチュイシー
【専門用語】槍の持ち方の一種。

挙槍式 （举枪式 jǔqiāngshì）：
ジュイチアンシー
【専門用語】槍の持ち方の一種。

端槍式 （端枪式 duānqiāngshì）：
ドワンチアンシー
【専門用語】槍の持ち方の一種。

護腰式 （护腰式 hùyāoshì）：
ホゥヤオシー
【専門用語】槍の持ち方の一種。

托槍式 （托枪式 tuōqiāngshì）：
トゥオチアンシー
【専門用語】槍の持ち方の一種。

斜擰式 （斜拧式 xiéníngshì）：
シエニィンシー
【専門用語】槍の持ち方の一種。

第一章 役者篇 ② 基本功

拱手式 (拱手式 gǒngshǒushì)：
【専門用語】槍を持って、お礼をする動き。

背槍式 (背枪式 bēiqiāngshì)：
【専門用語】槍の持ち方の一種。

抱刀式 (抱刀式 bàodāoshì)：
【専門用語】刀の持ち方の一種。

托刀式 (托刀式 tuōdāoshì)：
【専門用語】刀の持ち方の一種。

出刀式 (出刀式 chūdāoshì)：
【専門用語】刀の持ち方の一種。

斜提式 (斜提式 xiétíshì)：
【専門用語】刀の持ち方の一種。

戳刀式 (戳刀式 chuōdāoshì)：
【専門用語】刀の持ち方の一種。

第一章　役者篇　②　基本功

護刀式 (护刀式 hùdāoshì)：
【専門用語】刀の持ち方の一種。

刺刀式 (刺刀式 cìdāoshì)：
【専門用語】刀の持ち方の一種。

圧刀式 (压刀式 yādāoshì)：
【専門用語】刀の持ち方の一種。

叉腰式 (叉腰式 chāyāoshì)：
【専門用語】刀の持ち方の一種。

双槍抱槍式：
【専門用語】槍二本の持ち方の一種。ほかに、「双槍側提式」「双槍封頭式」「双槍托挙式」「双槍順風旗式」「双槍分挙式」「双槍護腰式」「双槍背槍式」「双刀横刀式」「双刀横挙式」「双刀挟刀式」「双刀護腰式」「双刀立拨式」「双刀封頭式」「双刀横挟式」「双刀背刀式」「双刀分刀式」などがある。

双槍抱槍式　　双槍側提式　　双槍封頭式　　双槍托挙式　　双槍順風旗式

第一章　役者篇　②　基本功

　　双槍分挙式　　　　双槍護腰式　　　　双槍背槍式　　　　双刀横刀式

　　双刀横挙式　　　　双刀披刀式　　　　双刀護腰式　　　　双刀立披式

　　双刀封頭式　　　　双刀横披式　　　　双刀背刀式　　　　双刀分刀式

ダァダオリィダオシー
大刀立刀式（大刀立刀式 dàdāolìdāoshì）：
【専門用語】大刀の持ち方の一種。

ダァダオリィシー
大刀礼式（大刀礼式 dàdāolǐshì）：
【専門用語】大刀を持って、お礼をする持ち方。

ダァダオベイシュウシー
大刀背竪式（大刀背竪式 dàdāobēishùshì）：
【専門用語】大刀の持ち方の一種。

41

第一章　役者篇　②　基本功

^{ダァダオポンダオシー}大刀捧刀式（大刀捧刀式 dàdāopěngdāoshì）：
【専門用語】大刀の持ち方の一種。

^{ダァダオヘゥンティーシー}大刀横提式（大刀横提式 dàdāohéngtíshì）：
【専門用語】大刀の持ち方の一種。

^{ダァダオバオダオシー}大刀抱刀式（大刀抱刀式 dàdāobàodāoshì）：
【専門用語】大刀の持ち方の一種。

^{ワンイエン}剜眼（剜眼 wānyǎn）：
【専門用語】人差し指と中指を使って、相手の目をえぐる動き。

^{ジエイィトゥイ}接一腿（接一腿 jiēyìtuǐ）：
【専門用語】甲は足を伸ばして相手を蹴り、乙が身体を避けながら、甲の足を叩き落とす動き。

^{シュアンフォングワンアル}双風貫耳（双风贯耳 shuāngfēng guàněr）：
【専門用語】両手の拳を使って、相手の両方の耳を外から内へ打つ動き。

^{バイワン}掰腕（掰腕 bāiwàn）：
【専門用語】相手の親指を掴んで、自分の手の外側へ持ち離れる動き。

^{ダイ}帯（帯 dài）：
【専門用語】相手の腕を掴んで、自分の後方へ引っ張る動き。『^{ディアオ}叼』ともいう。

第一章　役者篇　②　基本功

<ruby>双拍腿<rt>シュアンパイトゥイ</rt></ruby> (双拍腿 shuāngpāituǐ)：

【専門用語】双方とも左足を伸ばして相手を蹴ると同時に両手で相手の足を叩き落とす動き。

<ruby>嘴巴脚<rt>ヅゥイバジアオ</rt></ruby> (嘴巴脚 zuǐbajiǎo)：

【専門用語】両手で順番に相手の頬を打ちながら、同時に、両足で順番に相手の腰を蹴る動き。

<ruby>幺<rt>ヤオ</rt></ruby>、<ruby>二<rt>アル</rt></ruby>、<ruby>三<rt>サン</rt></ruby> (幺、二、三 yāo、èr、sān)：

【専門用語】手と手、刀と刀、刀と槍、槍と槍、槍と大刀などの三回、ぶつけ合う動き。

<ruby>搭<rt>ダァ</rt></ruby> (搭 dā)：

【専門用語】素手の場合、胸の前で、双方の手の掌でぶつかる動き。武器の場合、身体の右から頭上で武器をぶつけ合う動き。「<ruby>正<rt>ヂョンダァ</rt></ruby>搭」、「<ruby>反搭<rt>ファンダァ</rt></ruby>」の区別がある。

<ruby>叉<rt>チャア</rt></ruby> (叉 chā)：

【専門用語】素手の場合、双方とも右手で、上から下へ相手の肋骨を打つ動き。武器の場合、双方とも上から下へ、身体の左から右へ相手の足を切り、武器をぶつける動き。搭と叉はよく、連続して使い、『<ruby>搭叉<rt>ダァチャア</rt></ruby>』という。

<ruby>搭点<rt>ダァディエン</rt></ruby> (搭点 dādiǎn)：

【専門用語】刀と槍の動き。甲は、攻撃してきた刀を槍で横に払って、相手の胸を刺し、乙は刀で相手の足を切りながら身体を回転させて逃げ、甲は刀の上を飛び越える動き。『搭点<ruby>過去<rt>グゥオチュイ</rt></ruby>』と

もいう。

<ruby>鼻子<rt>ビィヅ</rt></ruby>（鼻子 bízi）：
【専門用語】素手の場合、甲が拳で相手の顔を打ち、乙が両手で守る動き。武器の場合、甲は横から相手の顔を切り、（武器によって『<ruby>打鼻子<rt>ダァビィヅ</rt></ruby>』『<ruby>砍鼻子<rt>カンビィヅ</rt></ruby>』ともいう）、乙も武器を使って、顔を守る。乙の動きは『<ruby>接鼻子<rt>ジエビィヅ</rt></ruby>』という。

<ruby>繞<rt>ロァオ</rt></ruby>（绕 rào）：
【専門用語】素手の場合、相手の手を押さえながら回る動き。武器の場合武器を使って、相手の武器を押さえながら回る。一週回ることを『<ruby>一繞<rt>イィロァオ</rt></ruby>』といい、二週回ることを『<ruby>両繞<rt>リアンロァオ</rt></ruby>』という。

<ruby>繞脖児<rt>ロァオボゥル</rt></ruby>（绕脖儿 ràobór）：
【専門用語】甲は手や棍、槍などを使って、乙の首を回し、乙は回される動き。

<ruby>封頭<rt>フォントウ</rt></ruby>（封头 fēngtóu）：
【専門用語】「<ruby>前<rt>チエン</rt></ruby>封頭」、「<ruby>後<rt>ホウ</rt></ruby>封頭」の区別があるが、前封頭の場合、甲は手や武器を使って、前から乙の頭を打ち、乙は手や武器を使って、頭を守る。後封頭の場合、甲は後ろから手や武器を使って、乙の頭を打ち、乙は手や武器を使って、頭を守る。乙の動きは『<ruby>接<rt>ジエ</rt></ruby>前封頭』、『接後封頭』ともいう。

<ruby>漫頭<rt>マントウ</rt></ruby>（漫头 mántóu）：
【専門用語】甲は、拳、刀、剣、槍、大刀などを使って、乙の頭を打って切り、乙は頭を下げ、相手の武器の下から通る動き。「<ruby>正<rt>ヂョン</rt></ruby>漫頭」、「<ruby>反<rt>ファン</rt></ruby>漫頭」の区別がある。

第一章　役者篇　②　基本功

削頭 ^{シアオトウ} (削头 xiāotóu)：
【専門用語】甲は刀、剣、大刀などの刃が付いた武器を使って、乙の背中から頭へと切り、乙は頭を下げて逃げる動き。右からの削頭は『正削頭』といい、左からの削頭が『反削頭』という。

剁頭 ^{ドゥオトウ} (剁头 duòtóu)：
【専門用語】甲は刀、剣、大刀などの刃が付いた武器を使って、上から下へ乙の頭を切り、乙は頭を下げ、逃げる動き。右からの剁頭は『正剁頭』といい、逆に『反剁頭』という。

刺 ^{ツー} (刺 cì)：
【専門用語】槍、刀、剣などの武器を使って、相手を刺す動き。

挑 ^{ティアオ} (挑 tiǎo)：
【専門用語】甲は手や武器を使って乙を打ち、刺す時に、乙が手や武器を使って、甲の手や武器を横に払う動き。

兜 ^{ドウ} (兜 dōu)：
【専門用語】双方とも武器を使って、相手の足をかすめる動き。

別 ^{ビエ} (别 biě)：
【専門用語】甲は槍、刀などの武器を使って、乙を刺す時、乙が武器を使って、下から甲の武器を受け止めつつ、それを持ち上げる動き。『一別』ともいう。

刨 ^{パオ} (刨 páo)：
【専門用語】甲は拳、刀、剣、槍を使って乙を打ち、刺す時に、乙が手や武器を使って、上から

第一章　役者篇　②　基本功

下へ甲の手や武器をしのぎ落す動き。

磕 (磕 kē)：
【専門用語】双方とも手や武器を使って、身体の前で一回ぶつかる動き。素手の場合、掌を使い、武器の場合、刃の側を使う。『一磕』ともいう。

蓋 (盖 gài)：
【専門用語】甲は手や武器を使って、乙を打ち、刺す時に、乙が手や武器を使って、押さえ落とす動き。客席に向かってする蓋は『往外蓋』といい、逆を『往里蓋』という。

撩 (撩 liāo)：
【専門用語】刀、大刀を使って、下から上へ相手の手や武器を払う動き。右からの撩は「正撩」といい、左からの撩を「反撩」という。甲は刀を使って、下から上へ乙の腹、胸を切りつけ、乙が「騙腿」をして身体を躱すことを、『騙腿撩襠』という。

豁 (豁 huō)：
【専門用語】甲は、拳や武器を使って、乙のかばう手や武器を下から上へ取り払う動き。

圧 (压 yā)：
【専門用語】武器を使って、相手の武器の上から抑え込む動き。『圧住』ともいう。

掃 (扫 sǎo)：
【専門用語】甲は武器を使って乙の足を切り、乙がジャンプしてこれを躱す動き。右からの掃は『正掃』といい、左からの掃が『反掃』という。

第一章　役者篇　②　基本功

拉肚 (拉肚 ládù)：
【専門用語】刀、剣、大刀などの武器を使って、右から相手の腹を切る動き。左からの拉肚は『反拉肚』という。

打地 (打地 dǎdì)：
【専門用語】相手を打つ時に、武器は空振りさせ、地面を打つ動き。

架住 (架住 jiàzhù)：
【専門用語】甲が手や武器を使って、乙を攻撃する時、乙が手や武器を使って、甲の手や武器を捕える動き。また、双方とも武器を持って、対峙状態に陥れる動き。

剪腰 (剪腰 jiǎnyāo)：
【専門用語】甲が乙を攻撃する時、乙が二本の刀、剣、槍などを使って、甲の腰の両側に刺す動き。

背弓 (背弓 bèigong)：
【専門用語】甲が刀、槍、大刀などの武器を使って、乙の背中を打つ動き。乙が武器を使って背中を守ることを『接背弓』という。

馬腿児 (马腿儿 mǎtuǐr)：
【専門用語】甲が刀、槍、棍、大刀などの武器を使って乙の足を打ち、乙が刺される足を上げると同時に、身体を武器で支えて、自分の足を守る動き。甲の動きは『砍馬腿』、『打馬腿』といい、乙の動きを『接馬腿』という。

腰封 (腰封 yāofeng)：
【専門用語】甲は刀、剣、槍、大刀などの武器を

47

使って乙の腰、胸を切り、打ち、乙が武器を使って、これを防ぎ止める動き。甲の動きを『打腰封』といい、乙の動きを『接腰封』という。

軸肘 （軸肘 zhǒuzhǒu）：

【専門用語】相手を攻撃する時の二つの戦術の動き。槍と槍、二本の刀と二本の刀、刀と槍ともある。槍と槍の場合、双方とも右下から相手の右上に刺し、槍と槍がぶつかることを軸といい、左手を軸にして、右手が左へ回り、槍と槍が離れずに、二度目にぶつかることを肘という。二本の刀と二本の刀の場合、双方とも右下から刀を挙げ、刀の背同士がぶつかることを軸といい、それから刀の方向を変えて、刃と刃で二度目の

ぶつかることを肘という。「単刀軸肘」、「単刀槍軸肘」も同様の動きを指す。

上下左右 （上下左右 shàng xià zuǒ yòu）：

【専門用語】甲が武器を使って、相手を四回違う場所を攻撃し、乙が上、下、左、右の順にそれを防ぐ動き。

第一章　役者篇　②　基本功

<ruby>滾肚<rt>グンドゥ</rt></ruby>（滾肚 gǔndù）：

【専門用語】甲は槍、刀、剣などの武器を使って、乙の肋骨に連続して刺し、乙が槍や大刀で、身体を回転させながら甲の武器を防ぐ動き。「滾刀」（刀一本）の場合もある。

<ruby>老虎槍<rt>ラオホッチアン</rt></ruby>（老虎枪 lǎohǔqiāng）：

【専門用語】双方とも槍を持った状態で、甲が乙の顔の上下を刺し、乙は槍で上下に防ぐ。甲が再び、乙の顔の左右を刺し、乙は槍の両側を使って甲の槍を払う。二回連続で同じ動きをする。

<ruby>扎九槍<rt>ヂョアジウチアン</rt></ruby>（扎九枪 zhājiǔqiāng）：

【専門用語】甲は槍を持ち、乙は二本の刀を持つ。甲は、乙の喉、胸、首に刺し、乙が身体を躱しながら防ぐ。三回連続することで、九回刺す動き。

<ruby>過合<rt>グゥオホァ</rt></ruby>（过合 guòhé）：

【専門用語】素手で、または武器を持って相手を攻撃しに行き、すれ違う動き。「単刀過合」、「<ruby>双刀<rt>シュアンダオ</rt></ruby>過合」、槍と槍の「<ruby>槍<rt>ツァン</rt></ruby>過合」、大刀と大刀の「<ruby>大刀<rt>ダァダオ</rt></ruby>過合」もある。

<ruby>穿肚<rt>チュワンドゥ</rt></ruby>（穿肚 chuāndù）：

【専門用語】甲は刀、剣、槍、大刀などの武器を持ち、乙の腰、腹を右から左へ刺し、乙が武器を持って、身体を守りながら、身体を右へ回転する動き。

第一章　役者篇　② 基本功

硬三槍 （硬三枪 yìngsānqiāng）：
イィンサンチアン

【専門用語】甲は槍で乙の顔を刺し、乙が刀の刃で左、右、左へ三回、甲の槍を払う動き。

小五套 （小五套 xiǎowǔtào）：
シアオウウタオ

【専門用語】基本立ち回りの五種類。素手、刀と刀、槍と槍、刀と槍、二本の刀と槍で、それぞれ五セットがある。

徒手小五套 （徒手小五套 túshǒu xiǎowǔtào）：
トゥショウシアオウウタオ

【専門用語】双方とも素手での立ち回りの五セット。
第一セット双拍腿、第二セット接鼻子、第三セット猴摘帽、第四セット魁星提斗、第五セット趕三拳
シュアンパイトゥイ　ジエビィヅ　ホウヂャイマオ　クゥイシンティトウ　ガンサンチュエン

単刀小五套 （单刀小五套 dāndāo xiǎowǔtào）：
ダンダオシアオウウタオ

【専門用語】刀と刀の立ち回りの五セット。
第一セット九刀半、第二セット推肘、第三セット滾肚、第四セット撩襠、第五セット連環刀
ジウダオバン　トゥイヂョウ　グンドゥウ　リアオダン　リエンホワンダオ

単槍小五套 （单枪小五套 dānqiāng xiǎowǔtào）：
ダンチアンシアオウウタオ

【専門用語】槍と槍の立ち回りの五セット。
第一セット燈籠炮、第二セット救急槍、第三セット二龍頭、第四セット十六槍、第五セット戳槍甩槍
デゥンルゥンパオ　ジウジィツァン　アルロゥントウ　シーリウツァン　チュオツァンシュワイツァン

単刀槍小五套 （单刀枪小五套 dāndāoqiāng xiǎowǔdào）：
ダンタオチアンシアオウウダオ

【専門用語】刀と槍の立ち回りの五セット。第一セット滾刀、第二セット三削頭、第三セット三拉肚、第四セット三腰封、第五セット繞馬腿
サンシアオトウ　サンラァドゥ　サンヤオフォン　ロアオマァトゥイ

双刀槍小五套 （双刀枪小五套 shuāngdāoqiāng xiǎowǔtào）：
シュアンダオチアンシアオウウタオ

【専門用語】二本の刀と槍の立ち回りの五セット。

第一章 役者篇 ② 基本功

第一セット一封書、第二セット三拉肚、第三セット跨腿後封頭、第四セット半跨腿、第五セット絞刀

下場児（下场儿 xiàchǎngr）：

【専門用語】通常、戦った最後に、人物が退場する前、高まった気持ちを表すために持っている武器を使って、一人で踊ること。『耍下場』ともいう。

幼功（幼功 yòugōng）：

【専門用語】幼い頃から訓練された基本功を指す。

三大塊児（三大块儿 sāndà kuàir）：

【専門用語】『毯子功』『腿功』『把子功』を指す。

③ 特技 (特技 tèjì):

中国演劇における難易度の高い技術、技をいう。主に二種類がある。①衣装や付属品などを借りて、表現するもの。例えば：水袖、帽翅、翎子、甩髪などを利用して技を見せる。②道具を利用して表現するもの。例えば：椅子、素珠、扇子、吐火、吃火など。また、基本功から生まれた開眼『踢慧眼』ともいう。秘伝にされた「変臉」などもある。

水袖功 (水袖功 shuǐxiùgōng):

【専門用語】伝統演劇の衣装に付いている長く、白い袖のこと。様々な使い方により、人物の感情などを表現する。

帽翅功 (帽翅功 màochìgōng):

【専門用語】伝統演劇の被り物の両側に付いている帽翅。これを様々な動かし方で、人物の気持ちを表現する。

翎子功 (翎子功 língzigōng):

【専門用語】伝統芝居の被り物の上に付いている二本の翎子（雉の尾羽）を手で持ったり、口で噛んだり、頭で回したりして、気持ちを表す。

甩髪功 (甩发功 shuáifagōng):

【専門用語】頭のてっぺんに付けてある一束の髪の毛を上、下、左、右に回すことによって、気持ちを表す。

髯口功 (髯口功 ránkougōng):

【専門用語】耳に付けた髯を扱う様々な動き。

椅子功 (椅子功 yǐzigōng):

【専門用語】椅子を利用して逆立ちをしたり、跳ねたりして、技を見せる。

素珠功 (素珠功 sùzhūgōng):

【専門用語】首に掛けた佛珠を投げたり、回したりして気持ちを表

現する。例えば『双下山』の小和尚など。

扇子功 (扇子功 shànzigōng)：
【専門用語】扇子を投げたり、回したりして気持ちを表す。

耍牙 (耍牙 shuǎyá)：
【専門用語】口に銜えた道具の牙を出したり、隠したりして、魔力を表す。

吐火 (吐火 tǔhuǒ)：
【専門用語】吐火には、二種類がある。①演者が口に「火筒」という専用の紙でできた灰が入れてある金属の圓筒を銜え、息を吹くことによって、火の星が火筒の穴から出てくる。②左手で松明を持ち、口に銜えた松脂などを使って、点火することによって、炎を出す。神様や幽霊などの芝居によく使う。例えば『李慧娘』など。(コラム 中国演劇の極意(絶活) P91を参照)

吃火 (吃火 chīhuǒ)：
【専門用語】伝統演劇『時遷偸鶏』の時遷は、漏斗型の紙に火を点け、口に入れて食べてしまうことで、鶏を食べたことを表現する。

開眼 (开眼 kāiyǎn)：
【専門用語】額にもう一つの目を付けること。『踢慧眼』ともいう。(コラム 中国演劇の極意(絶活) P91を参照)

変臉 (变脸 biànliǎn)：
【専門用語】瞬時にして、顔の隈取を変えること。(コラム 中国演劇の極意(絶活) P91を参照)

コラム
京劇の歴史

 京劇の歴史は、清の時代に形成されたと考えられるので、それほど古くはない。一七九〇年（清の乾隆帝五十五年にあたる）、徽劇班（安徽省の劇団。当時、劇団のことを「班」と呼んだ）が入京し、四、五十年の胎動期を経て、一八〇〇年代の半ば以降、京劇が誕生したと見られている。京劇の歴史は、いまから二百年ほど前に遡ると考えてよいだろう。

 清の嘉慶年間（一七九六～一八二〇）は経済が発展し、庶民の生活も安定した、いわば「天下太平」の時代で、中国演劇史上、最も大きな出来事である京劇の基盤が形作られ出したのも、この頃のこと。清の時代の北京は、政治、経済、文化の中心地であると同時に、多くの劇団が集まる場所でもあった。

 当時、北京で活躍していたのが崑曲で、全国的には衰退していたが、一地方劇としては生き残り、強い勢力を持っていた。それ以外の地方劇には秦腔（陝西の地方劇）、徽劇（安徽の地方劇）、漢劇（湖北の地方劇）などがある。崑曲と他の地方劇と区別するため、演劇を「雅部」と「花部」に分けていた。雅部は"上品"という意味で、崑曲を指し、花部は「乱弾」ともいい、"雑、乱、粗、俗"の意味で、崑曲以外の地方劇のことを指す。だが、いずれものちの京劇の礎石となり、大きな影響を与えた。

 一七九〇年、乾隆帝は八十才の誕生日を迎え、全国の劇団を北京に呼んで祝うことになった。安徽省からは徽劇の三慶班が北京に入った。徽劇班の唱腔（歌のフシ）は「吹腔」（笛で伴奏する歌）、「高撥子」（安徽桐城一帯から生まれたフシ）

コラム　京劇の歴史

を基礎として、それが変化した「二簧〔アルホアン〕」というフシが主軸となる。徽調とも呼ばれる二簧の名称の由来は、黄岡〔ホアンガァン〕・黄陂〔ホアンピィ〕の県名から来たようだ。

　二簧は、荘重、厳粛、凄惨なムードを持つ唱腔で、人気を博した。そのため乾隆帝の祝賀が終わっても、南の安徽省へは戻らずに、北京の舞台に残り、その後、安徽省から「四喜班〔スーシィパン〕」、「春台班〔チュンタイパン〕」、「和春班〔ホァチュンパン〕」が相次いで都に上がり、『四大徽班〔スーダァホゥイパン〕』を形成した。

　四大徽班は、それぞれの特徴から「三慶的軸子〔ヂョウヅ〕、四喜的曲子〔チュイヅ〕、春台的孩子〔ハイヅ〕、和春的把子〔バァヅ〕」と称された。首尾一貫、整った芝居（連台本戯）をする三慶班、四喜班は崑曲の曲で有名で、春台班は十代の若者たちで構成される点で出色で、和春班は立ち回りに特徴があった。

　一方、陝西から北京に入ってきた秦腔は、悲壮感溢れる、独特な西皮腔〔シィピィチアン〕を持ち、これも人々の人気を集め、一度は朝廷が禁止せざるを得なかったほど、北京の観客に受け入れられた。淫靡に過ぎるという理由で咎められたのだが、実は、雅部の崑曲より人気が高まったことが原因だったという。

　清道光年間（一八二一～一八五〇）には、湖北の漢劇も北京入りした。漢劇の主な唱腔は、秦腔から変化した西皮で、高揚、明快、悲壮のムードをたたえている。漢劇班は北京に入るとすぐに徽劇班と合流し、二簧と西皮を一体化させ、役者の顔揃えも充実した。この流れは、以前から隆盛を誇っていた徽劇班に一層のこと、花を添える結果になった。

　芝居の台詞も、それまで使っていた徽・漢両方の方言をより北京語に近くしたため、咸豊年間（一八五一～一八六一）以前の徽・漢両劇とは、随分変わった。現在も京劇で使われている「十三轍〔シーサンヂョア〕」「四声〔スーシォン〕」「尖団字〔ジエントワンヅ〕」は、当時の産物と見られるが、この時期は「京劇の揺籃期」に当たり、京劇とし

コラム　京劇の歴史

ての特徴を獲得し始めた時期だった。

　十三轍（十三音韻）は、北京の言語発音に従って、まとめられた十三種類の音韻である。具体的には、中東（_ong）一七（_i）言前（_an）灰堆（_ei）梭波（_o）揺条（_ao）発花（_a）人辰（en）由求（ou）也斜（_e）姑蘇（_u）江陽（_ang）懐来（_ai）が十三轍の音韻となる。四声は、言葉の調子を中国語の声調である陰平、陽平、上、去でまとめている。

　尖団字は、発音が舌尖音系統の声母（z、c、s）のものを尖音といい、舌根音（舌面音）系統の声母（j、q、x）のものを団音という。同じ発音の漢字でも尖、団によって、舞台での発音が変わる。例えば：笑（xiao）は、尖音字なので、台詞としてsiaoと読む。同じ発音の孝（xiao）は、団音字なので、台詞としてxiaoと読む。同じ発音の字を区別することができる。

　中国演劇は動き（動作）だけでは、どの地方の芝居か区別が付かないものだが、歌や台詞を聞けばすぐわかる。もう一つの変化として、徽・漢両劇が北京に入って以降、演者の唱の質が向上しただけでなく、伴奏の胡琴も改良された。それまで使っていた木製の琴筒を竹筒に変えて、短い琴弓を長くした。そうすることで、以前の重苦しい音色が明快になり、長くなった琴弓は使い方が広がり、様々な演奏技術が生み出され、音楽の味わいが深まった。改良された「京劇胡琴ジィンシィフゥチン」は、縮めて京胡と呼ばれ、現在も使われている。これらの特徴が出てきたことで、京劇の方向性が少し見えてきた。

　清の同治・光緒年間（一八六二〜一九〇八）、京劇は一つの新しい劇として、舞台芸術のジャンルとして確立された。当時、京劇に大きな貢献をした『同光十三絶トォングアンシーサンジュエ』と呼ばれた十三人の名優を、画家・沈容圃シェンロォンプゥが描いているが、同光十三絶という言葉は京劇役者にとって最も古い尊称となった。

56

コラム　京劇の歴史

| 正是： | まさにこの通り： |

款款一曲二簧声、　　美しい二簧の曲で、
一台新戯誕京城、　　一つ新しい劇が、都に誕生した。
从此夜夜歌不断、　　以来、歌声が絶えず、
唱倒幾代老北京。　　何代かの北京っ子が魅了された。

星移斗転多歳月、　　星の流れに、時が経ち、
以人演人戒后人、　　人で人を演じ、後世を戒めるために、
四方舞台映万事、　　舞台に様々な人間、色々な事を反映、
歴史為鏡浄乾坤。　　歴史を鏡にして、世間を明るくしよう。

コラム
中国演劇の三大特徴

　中国演劇の特徴は、次の三つに大別される。
1、総合化
　中国演劇には、文学、演技、音楽、美術などの要素が含まれる。
　文学の面では、国の垣根を超えた普遍的な人間ドラマが、壮大なスケールで展開する世界が広がり、そこに強烈な個性を持った人間たちが生きている。生死を賭けて戦う武将たちや智謀を巡らす軍師たち、戦いの最中にも、離れ離れになった愛しい人を思う切なさあり、親子の深い情あり、裏切りが蔓延する状況下で得られる真の友情もある。
　平穏に見える市井の人々の暮らしの中にも、初恋の恥じらいや、恋人の気持ちが知りたくて、一人焦れる気持ちは誰しも覚えがあるだろう。結婚後、出世のために糟糠の妻を捨てて、政略結婚に走る夫もいれば、不甲斐ない夫と思い離縁したが、案に反して夫は昇進し、いまや高い地位に就いた。それを見て、後悔に暮れる元妻の苦しみなど、人間の世界に絶えず現れる悲劇・喜劇で描かれないものはない、と言ってよいほど、中国演劇は豊かな文学性を内包している。
　演技は、役者であれば、京劇の演技の土台であり、中心となる『四功五法（スーゴンウゥファア）』から習い始め、練習を積まなければならない。これは人間の体に対して、極限までの文武両道を課すことを意味する。厳しい訓練を受け、気の遠くなるような長い時間を費やした結果、ようやく演者として、舞台に立つことが出来る。
　音楽においては、劇の種類によって伴奏楽器も異なるが、

時代の変遷と共に多様化の一途をたどっている。ここでは京劇を例に挙げる。

京劇の文劇の場合、主な伴奏楽器は従来、京胡、月琴、三弦などであった。しかし、一九二〇年代に演奏者の王 少 卿（ワンシャオチィン）がこれに京二胡を加え、音の重さ、厚さが強くなり、好評を得たことから、京劇伴奏の革新として広まった。一九六〇～七〇年代には京劇で現代劇を上演する際、西洋楽器によるオーケストラが使われたことにより、伴奏音楽はさらに多彩となった。西洋楽器も中国演劇に適用できることに大きな貢献を果たした。現在、新しく創作した劇も西洋楽器を使用する傾向となっていた。

美術は、シンプルであることが一番の特徴である。新劇やミュージカルは別として、伝統的な古典劇では、幕が開いても、人物が舞台に登場して台詞を話すか、歌を歌わない限り、場所や時代が観客にはわからない。舞台正面には、『守旧』（ショウジュウ）と呼ばれる装飾を施した幕が掛けられているが、これはたいていの芝居に使われる共通の幕で、演目や場面ごとの背景や舞台セットは用いられないのが常である。舞台セットは、ほぼ机と椅子のみ（但し、登場人物の衣装によって机や椅子カバーの色やデザインは異なる）。

舞台セットがほとんどないため、伝統演劇独特の化粧や衣装の色が、ひときわ目立つ。舞台照明も、芝居の初めから終わりまで明るさは変わらない。

2、虚擬化（虚構化）

演技をする際、実物がない、あるいは一部分だけ実物を使用する演じ方を虚擬化という。例えば舞台上で、ドアはどこにもないにも拘わらず、役者がドアを開け閉めする動作をして、観客にそこにドアがあるように思わせる。これは日常生

活の動作を抽出し、誇張、美化した所作である。舞台で馬に乗る場合、馬はいなくとも、演者が「馬鞭(マァビエン)」という小道具の鞭を持つ。この鞭は馬のシンボルとなり、演者がこれを手に持ってさえいれば、舞台を歩くだけでも、馬に乗っていることを表現できる。

　虚擬化は、舞台の時間・空間を表す際にも用いられる。一般的には、舞台セットや照明の変化が、時間・空間の移り変わりを観客に教えてくれるが、京劇の古典劇のように、舞台装置や照明の変化をあまり用いない舞台においては、演者の歌う歌詞や台詞、打楽器の音などが、それを補う役目をする。例えば、京劇『捉放曹(デュオファァンツァオ)』で陳宮の歌う（一輪明月照窓前……）という歌詞は、月の見える夜であると伝えている。また、（聴譙楼打罷了二更鼓下……）と歌う前に、打楽器の音を二度鳴らすことと歌詞を併せて聞けば、時刻が深夜であるとわかるといった具合。

　さらに京劇『蘇三起解(スゥサンチィジエ)』の蘇三と崇公道(チォンゴォンダオ)の二人が歩きつつ、話したり歌ったりしている間に、洪洞県から太原府に着いたなど、虚擬化表現は、芝居を見る上での約束事、決まり事を作り出している。

3、程式化（様式化）

　程式化とは、演劇の特徴に基づき、現実の生活における言語や動作を舞台用に加工、誇張、美化し、それを役者の歌や台詞、動きなどに標準化した表現形式をいう。舞台では、全てをありのままに行うことは不可能なので、美という原則に従い、標準化した動作が用いられるのである。この程式化は、中国演劇の重要な表現手段であり、とりわけ古典劇には欠かせない。演者もこれを身に付け、遵守することが求められる。

　例えば、京劇の唱（歌）の程式では、役柄によって、喉の

使い方も違ってくる。中年以上の男性の役である「老生」、年配の女性役の「老旦」は地声(大嗓ともいう)で歌うのに対し、中年までの女性役である「青衣」は高い裏声(小嗓ともいう)を使う。また、二枚目役の「小生」は、地声と裏声の両方を使うことが一般的である。

　念(台詞)の程式には、主に「京白(ジィンバイ)」と「韻白(ユィンバイ)」がある。京白とは加工された北京語で、韻白は韻を踏んだリズミカルな台詞。どちらも日常生活の言葉とは異なり、独特なリズムやテンポを持つ詩吟のような言葉である。基本的には「老生」、「老旦」、「青衣」、「小生」、「浄」役は韻白を使い、「花旦」、「彩旦」、「丑」は京白を使う。

　做(仕草)の程式は、例として、以下に京劇『四郎探母(スーラァンタンムゥ)』の台本を挙げる。

台本	日本語訳
楊延輝上至九龍口：	楊延輝、九龍口(舞台のある位置のこと)まで登場
双抖袖：	両手の水袖を振り落とす
整冠　：	被り物を整える
捋鬚　：	鬚を撫で整える
念引子：(金井鎖梧桐……)	引子(台詞の一種)を言う
楊左轉帰外坐：	左へ回って坐る
念定場詩：(沙灘赴会十五年……)	定場詩(台詞の一種)を言う

　このように、一つ一つ細かい動きまでに、ことごとく定められている。

　打(立ち回り)の程式は、京劇学校で基礎として教えられ

る槍と槍の「小五套シアオウゥタオ」「小快槍シアオクワイツァァン」「大快槍ダァクワイツァァン」、刀と刀の「単刀小五套ダンタオ」「九刀半ジウタオバン」、槍と刀の「単刀槍」「鎖喉スゥオホウ」「大雑ダァツァァ把バァ」などがある。また、数人の「四股档スーグゥダァン」、「八股档バァグゥダァン」など、打のバリエーションは限りなく多い。

　程式化は役者だけでなく、化粧、衣装、小道具などについても同様に存在する。つまり程式化は、中国演劇にとって最も重要な特徴であり、これがなければ中国演劇の醍醐味は味わえない。

　虚擬化、程式化あればこそ、中国演劇の基本の質が保たれ、上演レベルを維持することが可能なのである。

正是：	まさにこの通り：
中国戯劇、特異非凡、	中国演劇には非凡なる特徴がある。
一鞭是馬、一槳是船、	鞭一本で馬となり、櫂一本で船となり、
其中奥妙、書中尽覧、	中の謎は、本書をとくとお読みくだされ、
欲取之楽、請往勾欄。	その楽しみは、いざ劇場にてご覧あれ。

第二章　音楽篇

① 伴奏：

演劇音楽(イエンジュイインユエ)（演剧音乐 yǎnjù yīnyuè）：
中国伝統演劇の音楽は、芝居ごとに個別の曲があるのではなく、既存の旋律を応用して作られた曲を使う。基本旋律のリズムやテンポを変化させたものを繋げて、歌を構成する方法で【板式変化体】（略して板腔体(バンチアンティー)）と【曲牌聯曲体】（略して曲牌体(チュイパイティー)）の二種類がある。

京劇楽隊(ジィンジュイユエドゥイ)（京剧乐队 jīngjù yuèduì）：
京劇楽隊は打楽器、管楽器と弦楽器で構成される。打楽器は『武場(ウゥチァン)』と言い、管楽器、弦楽器は『文場(ウェンチァン)』と呼ばれる。『文武場(ウェンウゥチァン)』あるいは『場面(チァンミエン)』ともいう。
京劇楽隊の任務は：
①歌の伴奏。
②演技に合わせて演奏し、台詞、仕草、立ち回りに鮮明なリズム感を出すこと。
③芝居および舞台の雰囲気を盛り上げること。
④劇全体のリズムを統一すること、にある。

場面(チァンミエン)（场面 chǎngmian）：
【専門用語】昔の京劇楽隊は、舞台の上に座って、伴奏したため、場面と呼ばれた。

文場(ウエンチァン)（文场 wénchǎng）：
【専門用語】文場の主な楽器には、京胡（胡琴ともいう）、京二胡、月琴、三弦（弦子ともいう）と管楽器の笛、笙、嗩吶などがある。

<ruby>京胡<rt>ジィンホゥ</rt></ruby> (京胡 jīnghú)：

弦楽器。京劇の主な伴奏楽器。竹で直径五センチの琴筒を作り、片方に蛇の皮を貼る。二本の弦を五度に調弦する。

<ruby>京二胡<rt>ジィンアルホゥ</rt></ruby> (京二胡 jīngèrhú)：

弦楽器。木で直径八センチほどの琴筒を作り、片方に蛇の皮を貼る。二本の弦を五度に調弦する。

<ruby>月琴<rt>ユエチン</rt></ruby> (月琴 yuèqín)：

弦楽器。共鳴胴が真ん丸で、フレットがあり、撥で弾く。

<ruby>三弦児<rt>サンシエンル</rt></ruby> (三弦儿 sānxiánr)：

弦楽器。三本の弦があるので、名付けられた。

<ruby>笛<rt>ディー</rt></ruby> (笛 dí)：

管楽器。竹製の横笛。

<ruby>笙<rt>ション</rt></ruby> (笙 shēng)：

管楽器。吹奏楽器。

<ruby>嗩吶<rt>スゥオナァ</rt></ruby> (唢呐 suǒna)：

管楽器。大きめのものを『<ruby>喇叭<rt>ラァバァ</rt></ruby>』といい、小型のものを『<ruby>海笛子<rt>ハイディーヅ</rt></ruby>』、『<ruby>小青<rt>シアオチン</rt></ruby>』という。

<ruby>武場<rt>ウゥチャァン</rt></ruby> (武场 wǔchǎng)：

【専門用語】武場の主な楽器には、単皮鼓、檀板、大鑼、小鑼、鐃鈸、大堂鼓、小堂鼓、镲鍋、碰鐘がある。

第二章　音楽篇　① 伴奏

単皮鼓（单皮鼓 dānpígǔ）：
打楽器。伴奏の指揮を執る。二本の撥（鼓箭子）で敲く。檀板を鳴らす時には、撥を一本置く。

檀板（檀板 tánbǎn）：
打楽器。紅木、黄楊木を使い、幅約六センチ、長さ約二十六センチの三枚の板で、一枚と二枚の二組に分けて作られる。

大鑼（大锣 dàluó）：
打楽器。銅製、直径三十センチ位。

小鑼（小锣 xiǎoluó）：
打楽器。銅製、直径二十センチ位。

鐃鈸（铙钹 náobó）：
打楽器。銅製、直径十五センチ位のシンバル。

大堂鼓（大堂鼓 dàtánggǔ）：
打楽器。直径六十センチ位の太鼓。

小堂鼓（小堂鼓 xiǎotánggǔ）：
打楽器。直径二十センチ位の太鼓。

鑔鍋（镲锅 chǎguō）：
打楽器。銅製。

碰鐘児（碰钟儿 pèngzhōngr）：
打楽器。銅製。

第二章　音楽篇　①　伴奏

曲牌^{チュイパイ}（曲牌 qǔpái）：
【専門用語】伝統演劇の楽曲は、俗に『牌子^{パイヅ}』という。各曲牌に固定化されたフシ、メロディー、ムードがあり、段、句、字数、韻の位置、字のアクセントまで決められている。楽器の分担により、「胡琴曲牌」、「笛子曲牌」、「嗩吶曲牌」に分かれ、京劇音楽の一部として、雰囲気を作り上げる。

合頭^{ホァトウ}（合头 hétou）：
【専門用語】新しく接合したという意味。曲牌は一曲を節に分けて、演奏することもできるが、違う曲牌と繋げることもできる。最初の部分が同じことを合頭といい、最後の部分が同じことを『合尾^{ホァウェイ}』というが、次第に合頭だけをいうようになった。

大字曲牌^{ダァヅーチュイパイ}（大字曲牌 dàzì qǔpái）：
【専門用語】曲の種類。歌詞があり、合唱の形で、嗩吶、打楽器の伴奏もある。大字は詞の意味。俗に『大字牌子』という。

混曲牌^{ホゥンチュイパイ}（混曲牌 hǔnqǔpái）：
【専門用語】歌詞のない大字曲牌。俗に『混牌子』という。

清曲牌^{チィンチュイパイ}（清曲牌 qīngqǔpái）：
【専門用語】歌詞もなく、打楽器もなく、嗩吶^{スゥオナァ}だけで伴奏するもの。俗に『清牌子』という。

胡琴曲牌^{ホゥチンチュイパイ}（胡琴曲牌 húqín qǔpái）：
【専門用語】胡琴を中心にした曲牌。例えば『覇王別姫^{バァワンビエジン}』の「夜深沈^{イエシェンチェン}」。⇒P139　ほかに「小開門^{シアオカイメン}」、「八板^{バァバン}」、「柳青娘^{リウチンニアン}」、「海青歌^{ハイチングァ}」、「万年歓^{ワンニエンホァン}」、「哭皇天^{クゥホアンティエン}」、「柳揺金^{リウヤオジン}」、「工尺上^{ゴンチョアシャン}」、「傍妝台^{バンデュアンタイ}」などがある。

笛子曲牌^{ディーヅーチュイパイ}（笛子曲牌 dízi qǔpái）：
【専門用語】笛子を中心にした曲牌。例えば『孫悟空大鬧天宮^{スンウゥコンダァナオティエンゴォン}』の孫悟空が桃や金丹などを盗む場面の「万年歓」など。『細吹曲牌^{シィチュイ}』ともいう。ほかに「小開門」、「朝天子^{チャオティエンヅ}」、「万年歓」、「山坡羊^{サンポォヤン}」、

「漢東山」、「春日景和」、「老八板」、「哭皇天」、「柳揺金」、「節節高」、「傍妝台」、「哪吒令」などがある。

嗩吶曲牌 (唢呐曲牌 suǒna qǔpái)：

【専門用語】嗩吶を中心にした曲牌。例えば京劇の演目の終わりによく使われる「尾声」など。『粗吹曲牌』ともいう。ほかに「水龍吟」、「将軍令」、「哪吒令」、「一枝花」、「柳揺金」、「節節高」、「傍妝台」、「梆子吹打」、「柳青娘」、「点絳唇」、「粉蝶児」、「新水令」、「哭相思」、「急三槍」、「批」、「哭批」、「香柳娘」、「六幺令」、「水底魚」、「窣地錦襠」、「出隊子」、「風入松」、「朱奴児」、「泣顔回」、「一江風」、「粉孩児」、「園林好」、「江児水」、「清江引」、「神仗児」、「醉太平」、「千秋歲」、「五馬江児水」などがある。

海笛曲牌 (海笛曲牌 hǎidí qǔpái)：

【専門用語】海笛子と笛子で演奏する曲牌。よく、笛子曲牌、嗩吶曲牌の曲を演奏する。

干念牌子 (干念牌子 gānniàn páizi)：

【専門用語】打楽器の伴奏だけで、台詞を言うこと。俗に『干牌子』という。『撲灯蛾』『四辺静』などがある。

板式 (板式 bǎnshì)：

【専門用語】リズム形式。

板眼 (板眼 bǎnyǎn)：

【専門用語】拍子のこと。板は強拍で、眼はその他の弱拍。三つの弱拍がある場合は『頭眼』、『中眼』、『末眼』という。

過門児 (过门儿 guòménr)：

【専門用語】前奏と間奏。

墊頭 (垫头 diàntou)：

【専門用語】歌と歌の間を繋げる短旋律。

第二章　音楽篇　① 伴奏

<ruby>行弦<rt>シィンシエン</rt></ruby> (行弦 xíngxián)：
【専門用語】演者が動いている間、また台詞を言うときのバック音楽。

<ruby>調門兒<rt>ディアオメンル</rt></ruby> (调门儿 diàoménr)：
【専門用語】キー、レベル、歌の高さ。

<ruby>漲調門兒<rt>ヂャンディアオメンル</rt></ruby> (涨调门儿 zhǎngdiàoménr)：
【専門用語】レベル、キーを高めること。

<ruby>降調門兒<rt>ジァンディアオメンル</rt></ruby> (降调门儿 jiàngdiàoménr)：
【専門用語】レベル、キーを落とすこと。

<ruby>調面兒<rt>ディアオミエンル</rt></ruby> (调面儿 diàomiànr)：
【専門用語】楽器のキーと同じ高さで歌うこと。

<ruby>調低<rt>ディアオディー</rt></ruby> (调低 diàodǐ)：
【専門用語】楽器のキーより八度低く歌うこと。

<ruby>定弦<rt>ディンシエン</rt></ruby> (定弦 dìngxián)：
【専門用語】調弦すること。

<ruby>乙字調<rt>イィヅディアオ</rt></ruby> (乙字调 yīzìdiào)：
【専門用語】キーの名称。1＝A。

<ruby>正宮調<rt>ヂョンゴォンディアオ</rt></ruby> (正宫调 zhènggōngdiào)：
【専門用語】キーの名称。1＝G。『<ruby>正工調<rt>ヂョンゴォンディアオ</rt></ruby>』ともいう。

<ruby>六字調<rt>リウヅディアオ</rt></ruby> (六字调 liùzìdiào)：
【専門用語】キーの名称。1＝F。

<ruby>趴字調<rt>パァヅディアオ</rt></ruby> (趴字调 pāzìdiào)：
【専門用語】キーの名称。1＝E。『<ruby>扒字調<rt>パァヅディアオ</rt></ruby>』、『<ruby>凡字調<rt>ファンヅディアオ</rt></ruby>』ともいう。

<ruby>小工調<rt>シアオゴォンディアオ</rt></ruby> (小工调 xiǎogōngdiào)：
【専門用語】キーの名称。1＝D。

第二章　音楽篇　①　伴奏

チーヅディアオ
尺字調（尺子调 chǐzidiào）：
【専門用語】キーの名称。1＝C。

シャァンヅディアオ
上字調（上字调 shàngzidiào）：
【専門用語】キーの名称。1＝B。

アルホアン
二簧（二簧 èrhuáng）：
【専門用語】京劇音楽の声腔。5(低音ソ) 2(レ) で調弦する。通常、穏やかで落ち着いたリズムで、考え込む、哀しい、感嘆する、悲しみ憤るといった情感を表すのに使われる。

アルホアンユエンバン
二簧原板（二簧原板 èrhuáng yuánbǎn）：
【専門用語】京劇板式の種類。一板一眼（2/4拍）の板式。例えば『釣金亀』の康氏の唱（叫　張　義我的児、聴　娘　教　訓……）など。

アルホアンマンバン
二簧慢板（二簧慢板 èrhuáng mànbǎn）：
【専門用語】京劇板式の種類。一板三眼（4/4拍）の板式。例えば『捉放曹』の陳宮の唱（一輪明月照　窓　下……）など。

アルホアンポンバン
二簧碰板（二簧碰板 èrhuáng pèngbǎn）：
【専門用語】京劇板式の種類。独立した板式ではなく、短い前奏が入った後、歌い始めるが、すぐ原板などに入っていく。例えば『太真外伝』の楊玉環が、台詞を言い、単皮鼓の（哆囉）を打ち鳴らされて、京胡の短い前奏の後に歌う（我这里持剪刀心中不忍……）など。

アルホアンディンバン
二簧頂板（二簧顶板 èrhuáng dǐngbǎn）：
【専門用語】京劇板式の種類。独立した板式ではなく、前奏なしで、台詞の後、すぐ伴奏と共に歌い始める。例えば『蕭何月下追韓信』の蕭何は台詞を言った後の唱（是三生有幸……）など。

アルホアンダオバン
二簧導板（二簧导板 èrhuáng dǎobǎn）：
【専門用語】京劇板式の種類。主要な曲の始まりの一句。例えば

『借東風』の諸葛孔明の唄（習天書、学兵法、犹如反掌……）など。『倒板』ともいう。

二簧回龍（二簧回龙 èrhuáng huílóng）：
【専門用語】京劇板式の種類。導板の後に続いて回龍を歌う。例えば『借東風』の諸葛孔明の導板の後に歌う（設壇台借東風相助周郎……）など。

二簧散板（二簧散板 èrhuáng sǎnbǎn）：
【専門用語】京劇板式の種類。歌詞によって、リズムが自由な板式。例えば『借東風』の諸葛孔明の唱（耳聴得風声起……）など。

二簧搖板（二簧摇板 èrhuáng yáobǎn）：
【専門用語】京劇板式の種類。搖板の特徴は、「緊拉慢唱」（胡琴の過門児は歌よりやや早め）といわれる。例えば『大保国』の徐延昭の唱（徐延昭出朝房気冲牛斗……）など。

反二簧（反二簧 fǎnèrhuáng）：
【専門用語】京劇板式の種類。1(ド) 5(ソ)で調弦し、4度低く演奏する。反二簧には、導板、回龍、原板、慢板、快三眼、散板、搖板がある。

嗩吶二簧（唢呐二簧 suǒna èrhuáng）：
【専門用語】京劇板式の種類。嗩吶で伴奏する二簧。例えば『羅成叫関』の羅成の唱（黒夜里殺得馬乏人困……）など。

四平調（四平调 sìpíngdiào）：
【専門用語】京劇板式の種類。『平板二簧』ともいう。5(低音ソ) 2(レ)で調弦する。例えば『貴妃醉酒』の楊玉環の唱（海島氷輪初轉騰……）など。

西皮（西皮 xīpí）：
【専門用語】京劇音楽の声腔。6(低音ラ) 3(ミ)で調弦する。通常、活発で力強いリズムで、楽しく毅然とした情感を表すのによく使う。

第二章　音楽篇　①　伴奏

西皮原板 (西皮原版 xīpí yuánbǎn)：
【専門用語】京劇板式の種類。一板一眼（2/4拍）の板式。例えば『失街亭』の諸葛孔明の唱（両国交鋒龍虎斗……）など。

西皮慢板 (西皮慢板 xīpí mànbǎn)：
【専門用語】京劇板式の種類。一板三眼（4/4拍）の板式。例えば『空城計』の諸葛孔明の唱（我本是臥龍崗散淡的人……）など。

西皮二六 (西皮二六 xīpí èrliù)：
【専門用語】京劇板式の種類。一板一眼（2/4拍）の板式。原板よりやや早めにしたリズム。例えば『覇王別姫』の虞姫の唱（勧君王飲酒聴虞歌……）など。⇒ P139

西皮流水 (西皮流水 xīpí liúshuǐ)：
【専門用語】京劇板式の種類。西皮二六よりやや早めにしたリズム。例えば『定軍山』の黄忠の唱（这一封書信来的巧……）など。

西皮快板 (西皮快板 xīpí kuàibǎn)：
【専門用語】京劇板式の種類。西皮流水よりやや早めにしたリズム。例えば『鎖五龍』の単雄信の唱（一口怒気冲天外……）など。

西皮散板 (西皮散板 xīpí sǎnbǎn)：
【専門用語】京劇板式の種類。歌詞によって、リズムが自由な板式。例えば『玉堂春』の蘇三の唱（来至在都察院、挙目往上観……）など。

西皮揺板 (西皮揺板 xīpí yáobǎn)：
【専門用語】京劇板式の種類。揺板の特徴は「緊拉慢唱」（胡琴の過門児は歌よりやや早め）といわれる。例えば『失街亭』の諸葛孔明の唱（先帝爺白帝城叮嚀就……）など。

第二章 音楽篇 ① 伴奏

西皮導板 (西皮导板 xīpí dǎobǎn):
【専門用語】京劇板式の種類。主要な曲の始まりの一句。例えば『秦香蓮』の包公の唱(包龍図打坐 在開封府……)など。『倒板』ともいう。⇒ P139

西皮回龍 (西皮回龙 xīpí huílóng):
【専門用語】京劇板式の種類。導板の後に続けて回龍を歌う。例えば『玉堂春』の蘇三は哭頭の後の唱(大人哪……)など。

反西皮 (反西皮 fǎnxīpí):
【専門用語】京劇板式の種類。6(低音ラ) 2(レ)で調弦する。例えば『連営寨』の劉備の唱(点 点 珠泪往下抛……)など。

西皮娃娃調 (西皮娃娃调 xīpí wáwadiào):
【専門用語】京劇板式の種類。節回しが高らかに、例えば『打龍袍』の李后の唱(眼不明 観不見 花花美景……)など。

南梆子 (南梆子 nánbāngzi):
【専門用語】京劇板式の種類。6(低音ラ) 3(ミ)で調弦する。例えば『覇王別姫』の虞姫の唱(看大王 在 帳 中和衣睡 穏……)など。⇒ P139

高拔子 (高拨子 gāobōzi):
【専門用語】京劇板式の種類。二簧、西皮の胡琴よりやや大きめな『拔子胡琴』を使い、1(ド) 5(ソ)で調弦する。導板、碰板回龍、原板、散板、揺板があり、慢板、快板がない。例えば『楊門女将』の穆桂英の唱(風蕭蕭霧漫漫……)など。

② 鑼鼓経 (锣鼓经 luógǔjīng):

【専門用語】打楽器の演奏法の通称。例えば「長 錘」、「四撃頭」など。『鑼経』ともいう。通常、音符の代わりに、倉(大鑼)台(小鑼)才(鐃鈸)などの字(符号)を使う。特に楽隊が入っていない稽古の段階では、演者たちも演奏者もこの口三味線のような口語符号を使う。

大 (大 dà):
京劇鑼経。一本の撥で単皮鼓を一回敲く。

八 (八 bā):
京劇鑼経。二本の撥で同時に単皮鼓を一回敲く。

大八 (大八 dàbā):
京劇鑼経。二本の撥を交互に単皮鼓を一回敲く。

嘟 (嘟 dū):
京劇鑼経。二本の撥で単皮鼓を連続して敲く。トレモロ。

哆 (哆 duō):
京劇鑼経。一本の撥で単皮鼓を軽く一回敲く。

哆囉 (哆锣 duōluo):
京劇鑼経。一本の撥で単皮鼓を軽く弾ませて二回連打する。

龍冬 (龙冬 lóngdōng):
京劇鑼経。檀板を鳴らすと同時に、一本の撥で単皮鼓を軽く敲いた後、もう一度、軽く敲く。

扎哆衣 (扎哆衣 zhāduōyī):
京劇鑼経。扎とは、檀板、一本の撥で同時に一回鳴らす。哆とは、一本の撥で単皮鼓を軽く一回敲く。衣とは、檀板を一回鳴らす。歌う前によく演奏される。

<ruby>倉<rt>ツァァン</rt></ruby>(仓 cāng):
京劇<ruby>鑼経<rt>ジンジュイルゥオジン</rt></ruby>。大鑼のみ、あるいは大鑼、小鑼、鐃鈸で同時に一回鳴らす。

<ruby>頃<rt>チィン</rt></ruby>(顷 qǐng):
京劇鑼経。大鑼のみ、あるいは大鑼、小鑼、鐃鈸で同時に一回軽く鳴らす。

<ruby>台<rt>タイ</rt></ruby>(台 tái):
京劇鑼経。小鑼を一回鳴らす。

<ruby>令<rt>リィン</rt></ruby>(令 lìng):
京劇鑼経。小鑼を一回軽く鳴らす。

<ruby>才<rt>ツァイ</rt></ruby>(才 cái):
京劇鑼経。鐃鈸のみ、あるいは鐃鈸、小鑼を同時に一回鳴らす。

<ruby>八大倉<rt>バァダァツァァン</rt></ruby>(八大仓 bādàcāng):
【専門用語】京劇鑼経。『<ruby>崩登倉<rt>ボンデゥンツァァン</rt></ruby>』『<ruby>八答倉<rt>バァダァツァァン</rt></ruby>』ともいう。

<ruby>冲頭<rt>チョントウ</rt></ruby>(冲头 chòngtou):
【専門用語】京劇鑼経。大鑼、鐃鈸、小鑼の合奏で、人物が登場するときなどに演奏される。

<ruby>長尖<rt>チャァンジエン</rt></ruby>(长尖 chángjiān):
【専門用語】京劇鑼経。人物の登場、退場に使う。

<ruby>長絲頭<rt>チャァンスートウ</rt></ruby>(长丝头 chángsītóu):
【専門用語】京劇鑼経。『<ruby>単箭冲頭<rt>ダンジエンチォントウ</rt></ruby>』ともいう。

<ruby>小鑼長絲頭<rt>シアオルゥオチャァンスートウ</rt></ruby>(小锣长丝头 xiǎoluó chángsītóu):
【専門用語】京劇鑼経。小鑼で長絲頭を演奏する。

<ruby>帯鑼<rt>ダイルゥオ</rt></ruby>(带锣 dàiluó):
【専門用語】京劇鑼経。歌の終わりに、立ち回りに入る時に使う。例えば『<ruby>打漁殺家<rt>ダァユイシャアジア</rt></ruby>』の蕭恩(<ruby>江湖上叫蕭恩不才是我<rt>ジアンホゥシャアンジアオシアオエンブゥウァイシーウォ</rt></ruby>)を歌

った後の立ち回りに入るところなど。

小鑼帯鑼(シアオルゥオダイルゥオ) (小锣带锣 xiǎoluó dàiluó)：
【専門用語】京劇鑼経(ジンジュイルゥオジイン)。小鑼で帯鑼を演奏する。

一封書(イィフォンシュウ) (一封书 yìfēngshū)：
【専門用語】京劇鑼経。落ち着いたリズムで立ち回りなどに使う。例えば『艶陽楼(イエンヤンロウ)』の高登(ガオデゥン)の立ち回りなど。

長錘(チャアンチュイ) (长锤 chángchuí)：
【専門用語】京劇鑼経。人物の動き、歌の前奏に使う。『快(クワイ)長錘』『慢(マン)長錘』の区別がある。

散長錘(サンチャアンチュイ) (散长锤 sǎnchángchuí)：
【専門用語】京劇鑼経。『揺板(ヤオバン)長錘』ともいう。

拗錘(アオチュイ) (拗锤 àochuí)：
【専門用語】京劇鑼経。『閃(シャン)錘』『反長錘』ともいう。

紐絲(ニウスー) (纽丝 niǔsī)：
【専門用語】京劇鑼経。過門児の前に演奏する。例えば『空城計(コォンチョンジイ)』の諸葛孔明が歌う(人言司馬善用兵(ロェンイエンスーマァシャンヨンビィン)……)の前など。

快紐絲(クワイニウスー) (快纽丝 kuàiniǔsī)：
【専門用語】京劇鑼経。早くした「紐絲」。

抽頭(チョウトウ) (抽头 chōutou)：
【専門用語】京劇鑼経。『七字(チィヅ)鑼』ともいう。歌の間も使う。

小鑼抽頭(シアオルゥオチョウトウ) (小锣抽头 xiǎoluó chōutou)：
【専門用語】京劇鑼経。小鑼で抽頭を演奏する。

滾頭子(グゥントウヅ) (滚头子 gǔntóuzi)：
【専門用語】京劇鑼経。動きに合わせて使う。

水底魚 (水底鱼 shuǐdǐyú)：
【専門用語】京劇鑼経。人物の登場、道を急ぐ時に演奏される。『大鑼水底魚』『小鑼水底魚』の区別がある。

四辺静 (四边静 sìbiānjìng)：
【専門用語】京劇鑼経。『四門静』ともいう。干牌子用。

撲灯蛾 (扑灯蛾 pūdēng'é)：
【専門用語】京劇鑼経。干牌子用。例えば『魚藏剣』の專諸の（牛二太欺情……）など。

急急風 (急急风 jíjífēng)：
【専門用語】京劇鑼経。速い演奏で、急いでいる、緊張している、激しい立ち回りの場面に演奏される。

緊錘 (紧锤 jǐnchuí)：
【専門用語】京劇鑼経。『串錘』『望家郷』ともいう。快板の前奏に使う。

陰鑼 (阴锤 yīnchuí)：
【専門用語】京劇鑼経。大鑼、鐃鈸を弱音で、小鑼は普通の音で演奏する。暗闇の様子や変装している場面、跳形（動物の踊り）の場面に使う。

九錘半 (九锤半 jiǔchuíbàn)：
【専門用語】京劇鑼経。動きに合わせて使う。

馬腿児 (马腿儿 mǎtuǐr)：
【専門用語】京劇鑼経。立ち回り用。

叫頭 (叫头 jiàotou)：
【専門用語】京劇鑼経。人物の感情が爆発するときに使う。『単叫頭』『双叫頭』の区別がある。

小鑼叫頭 (小锣叫头 xiǎoluó jiàotou):
【専門用語】京劇鑼経。小鑼で「叫頭」を演奏する。

哭頭 (哭头 kūtou):
【専門用語】京劇鑼経。人物が歌いながら泣く場面に演奏する。

小鑼哭頭 (小锣哭头 xiǎoluó kūtou):
【専門用語】京劇鑼経。小鑼で「哭頭」を演奏する。

四鑼哭頭 (四锣哭头 sìluó kūtou):
【専門用語】京劇鑼経。簡略化された「哭頭」の演奏。

上板哭頭 (上板哭头 shàngbǎn kūtou):
【専門用語】京劇鑼経。「哭頭」の一種。

乱錘 (乱锤 luànchuí):
【専門用語】京劇鑼経。大鑼を連続して一小節に七回鳴らすことを繰り返すこと。

脆頭 (脆头 cuìtou):
【専門用語】京劇鑼経。人物が恥ずかしがる時に演奏する。『硬脆頭』『軟脆頭』の区別がある。

掃頭 (扫头 sǎotou):
【専門用語】京劇鑼経。歌詞を省略した動きに合わせて演奏する。『小掃頭』『快掃頭』もある。例えば『投軍別窯』の薛平貴、王宝釧の動きに合わせた演奏など。

撤鑼 (撤锣 chèluó):
【専門用語】京劇鑼経。大鑼を段々弱くしていって(最後になくなる)、代わりに小鑼が出てくる演奏。

一錘鑼 (一锤锣 yìchuíluó):
【専門用語】京劇鑼経。広い範囲に使われる。『大鑼打上』『大鑼打下』『原場』『回頭』ともいう。

快原場 _{クワイユエンチャァン} (快原场 kuàiyuánchǎng)：
【専門用語】京劇鑼経_{ジンジュイルゥオジン}。簡略化された「一錘鑼」。

小鑼原場 _{シアオルゥオユエンチャァン} (小锣原场 xiǎoluó yuánchǎng)：
【専門用語】京劇鑼経。小鑼で一錘鑼を演奏する。『小鑼打上』『小鑼打下』ともいう。

単上場 _{ダンシャァンチャァン} (单上场 dānshàngchǎng)：
【専門用語】京劇鑼経。簡略化された「小鑼打上」。

旦上場 _{ダンシャァンチャァン} (旦上场 dànshàngchǎng)：
【専門用語】京劇鑼経。青衣などの人物が登場するときの単皮鼓、小鑼による役者の動きを合わせた演奏。『小鑼旦上場』『砕鑼_{スゥイ}』ともいう。

単搜場 _{ダンソウチャァン} (单搜场 dānsōuchǎng)：
【専門用語】京劇鑼経。物を探す動きに演奏する。

走馬鑼鼓 _{ヅォウマァルゥオグゥ} (走马锣鼓 zǒumǎ luógǔ)：
【専門用語】京劇鑼経。人物が馬に乗って、戦う場面に演奏する。『走馬長錘』ともいう。例えば『戦馬超_{ヂャンマァチャオ}』など。

奪頭 _{ドゥオトウ} (夺头 duótou)：
【専門用語】京劇鑼経。過門児の前に演奏する。『垛_{ドゥオ}頭』ともいう。

小鑼奪頭 _{シアオルゥオドゥオトウ} (小锣夺头 xiǎoluó duótou)：
【専門用語】京劇鑼経。小鑼で「奪頭」を演奏する。

平板奪頭 _{ピィンバンドゥオトウ} (平板夺头 píngbǎn duótou)：
【専門用語】京劇鑼経。四平調の「過門児_{グゥオメンル}」の前に演奏される「奪頭」。

小鑼平板奪頭 _{シアオルゥオピィンバンドゥオトウ} (小锣平板夺头 xiǎoluó píngbǎn duótou)：
【専門用語】京劇鑼経。四平調の「過門児」の前に小鑼で演奏される「奪頭」。

鳳点頭（凤点头 fèngdiǎntóu）：
【専門用語】京劇鑼経。「揺板」、「流水板」の前に演奏する。

小鑼鳳点頭（小锣凤点头 xiǎoluó fèngdiǎntóu）：
【専門用語】京劇鑼経。小鑼で「鳳点頭」を演奏する。

紐絲鳳点頭（纽丝凤点头 niǔsī fèngdiǎntóu）：
【専門用語】京劇鑼経。「散板過門児」の前に演奏する。

散長錘鳳点頭（散长锤凤点头 sǎnchángchuí fèngdiǎntóu）：
【専門用語】京劇鑼経。長錘に繋げて、「散板」の前に演奏される「鳳点頭」。

三鑼鳳点頭（三锣凤点头 sānluó fèngdiǎntóu）：
【専門用語】京劇鑼経。『硬三錘』ともいう。「快板」の前に演奏する。

小鑼三鑼鳳点頭（小锣三锣凤点头 xiǎoluó sānluó fèngdiǎntóu）：
【専門用語】京劇鑼経。小鑼で「三鑼鳳点頭」を演奏する。

両鑼鳳点頭（两锣凤点头 liǎngluó fèngdiǎntóu）：
【専門用語】京劇鑼経。「鳳点頭」の一種。

一鑼鳳点頭（一锣凤点头 yìluó fèngdiǎntóu）：
【専門用語】京劇鑼経。『一錘鳳点頭』ともいう。

帽子頭（帽子头 màozitóu）：
【専門用語】京劇鑼経。「引子」に雰囲気を作り、「回龍」を歌う前に演奏する。

小鑼帽子頭（小锣帽子头 xiǎoluó màozitóu）：
【専門用語】京劇鑼経。小鑼で「帽子頭」を演奏する。

導板頭（导板头 dǎobǎntóu）：
【専門用語】京劇鑼経。「導板」の前奏として演奏する。

小鑼導板頭 (小锣导板头 xiǎoluó dǎobǎntóu):
【専門用語】京劇鑼経。小鑼で「導板頭」を演奏する。

南梆子導板頭 (南梆子导板头 nánbāngzi dǎobǎntóu):
【専門用語】京劇鑼経。「南梆子導板」の前に演奏する。

小鑼南梆子導板頭 (小锣南梆子导板头 xiǎoluó nánbāngzi dǎobǎntóu):
【専門用語】京劇鑼経。小鑼で「南梆子導板頭」を演奏する。

帰位 (归位 guīwèi):
【専門用語】京劇鑼経。「引子」、「曲牌」の前奏として演奏する。

小鑼帰位 (小锣归位 xiǎoluó guīwèi):
【専門用語】京劇鑼経。小鑼で「帰位」を演奏する。

五撃頭 (五击头 wǔjītóu):
【専門用語】京劇鑼経。動きに合わせて使う。『五錘』ともいう。

小鑼五撃頭 (小锣五击头 xiǎoluó wǔjītóu):
【専門用語】京劇鑼経。小鑼で「五撃頭」を演奏する。

四撃頭 (四击头 sìjītóu):
【専門用語】京劇鑼経。大鑼、小鑼、鐃鈸を同時に四回鳴らすことで名付けられた。見得を切るところなどでよく演奏する。

四撃 (四击 sìjī):
【専門用語】京劇鑼経。四撃頭より大鑼を鳴らす回数が一回少ないので、『切頭』『小四撃頭』ともいう。

小鑼四撃 (小锣四击 xiǎoluó sìjī):
【専門用語】京劇鑼経。小鑼で「四撃」を演奏する。

三撃 (三击 sānjī):
【専門用語】京劇鑼経。大鑼を連続して三回鳴らすので名付けられた。『大鑼三撃』ともいう。

第二章　音楽篇　②　鑼鼓経

小鑼三撃（小锣三击 xiǎoluó sānjī）：
シアオルゥオサンジィ
【専門用語】京劇鑼経。小鑼で「三撃」を演奏する。

二、三鑼（二、三锣 èr、sānluó）：
アル　サンルゥオ
【専門用語】京劇鑼経。「引子」、「定場詩」、「点絳唇」、「粉蝶児」の間に演奏する。小鑼を二度、三度、繰り返して鳴らすので名付けられた。例えば『空城計』の諸葛孔明の「引子」など。

収頭（收头 shōutou）：
ショウトウ
【専門用語】京劇鑼経。歌の終わり、一幕の終わり、一つの経緯の終わりに演奏する。

小鑼収頭（小锣收头 xiǎoluó shōutou）：
シアオルゥオショウトウ
【専門用語】京劇鑼経。小鑼で「収頭」を演奏する。

住頭（住头 zhùtou）：
ヂュウトウ
【専門用語】京劇鑼経。「収頭」より小さい段落で演奏する。

小鑼住頭（小锣住头 xiǎoluó zhùtou）：
シアオルゥオヂュウトウ
【専門用語】京劇鑼経。小鑼で「住頭」を演奏する。

両撃（两击 liǎngjī）：
リアンジィ
【専門用語】京劇鑼経。強調する時、見えを切る時に使う。『大鑼両撃』ともいう。

小鑼両撃（小锣两击 xiǎoluó liǎngjī）：
シアオルゥオリアンジィ
【専門用語】京劇鑼経。小鑼で「両撃」を演奏する。

一撃（一击 yìjī）：
イィジィ
【専門用語】京劇鑼経。動きに合わせて使う。『一鑼』ともいう。

小鑼一撃（小锣一击 xiǎoluó yìjī）：
シアオルゥオイィジィ
【専門用語】京劇鑼経。小鑼で「一撃」を演奏する。

絲辺（丝边 sībiān）：
スービエン
【専門用語】京劇鑼経。『撕辺』ともいう。二本の撥で速く単皮鼓を
スー

敲く。

絲辺一鑼(スービエンイィルゥオ) (丝边一锣 sībiān yìluó)：
【専門用語】京劇鑼経(ジンジュイルゥオジィン)。台詞、動きに合わせて使う。

冷錘(レゥンチュイ) (冷锤 lěngchuí)：
【専門用語】京劇鑼経。驚いた時に使う。『不龍倉(ブゥルォンツァァン)』『八倉(バァ)』ともいう。

小鑼冷錘児(シアオルゥオレゥンチュイル) (小锣冷锤儿 xiǎoluó lěngchuír)：
【専門用語】京劇鑼経。小鑼で「冷錘」を演奏する。

加鑼(ジアルゥオ) (加锣 jiāluó)：
【専門用語】京劇鑼経。人物の動きに合わせて使う。

小鑼加鑼(シアオルゥオジアルゥオ) (小锣加锣 xiǎoluó jiāluó)：
【専門用語】京劇鑼経。小鑼で「加鑼」を演奏する。

コラム
文化大革命期に上演された模範劇

　文化大革命（一九六六〜一九七六）の期間に上演された"模範劇"は八つ、うち京劇は五つ、バレエが二つ、交響曲が一つだった。演目を並べてみると、京劇は【智取威虎山】【海港】【紅燈記】【奇襲白虎団】【沙家浜】、バレエは【白毛女】【紅色娘子軍】、交響曲は【沙家浜】である。個別に内容を紹介する。

京劇
　【智取威虎山】は『林海雪原』という原作小説に基づき、創作された演目で、上海京劇院で上演された。中華人民共和国建国前の東北地方を舞台に、解放軍と土匪の戦いを描いた作品で、主人公の楊子栄が高い人気を呼んだ。登場人物：楊子栄（生）、座山雕（浄）、少剣波（老生）、鷲平（丑）、李勇奇（浄）、常宝（旦）など。

　【海港】も上海京劇院の上演で、労働現場における堕落した役人と労働者の戦いを描いた作品。登場人物：方海珍（青衣）、韓小強（生）、高志揚（浄）、馬洪亮（老生）、銭守維（丑）など

　【紅燈記】は、中国京劇院（現・国家京劇院）が舞台化にした。地下党員である鉄道員・李玉和一家三代と日本軍との戦いの話で、ここに出てくる日本軍の鳩山大佐の名は、日本軍国主義の代名詞として知れ渡っている。登場人物：李玉和（老生）、鳩山（浄）、李奶奶（老旦）、李鉄梅（旦）など。

　【奇襲白虎団】は、山東省京劇院が上演した。これは朝鮮戦争を題材にした作品で、中国人民志願軍と朝鮮人民軍が、ア

メリカの精鋭部隊白虎団と戦うストーリー。主人公の厳偉才は典型的英雄とされた。登場人物：厳偉才(イエンウェイツァイ)（生）、王団長(ワァントゥワンチャン)（浄）、崔大嫂(ツゥイダァサオ)（旦）など。

北京京劇院が上演した【沙家浜】は、日中戦争時代の江蘇省・浙江一帯の共産党新四軍と汪精衛偽政府軍との戦いを描いた作品である。登場人物：郭建光(グゥオジエングァン)（生）、胡伝魁(ホウチュワンクゥイ)（浄）、阿慶嫂(アァチンサオ)（青衣）、刁徳一(シィドァイイ)（老生）、沙奶奶(シャアナイナイ)（老旦）など。

バレエ

バレエ【白毛女】は上海バレエ舞劇院により上演された。一九三五年、河北省の村を舞台にした農民と地主の階級闘争の話である。貧農の娘の喜児は、地主・黄世仁の暴行を受け、山へ逃げる。たび重なる悲しみに、彼女の髪は真っ白になってしまい、白毛女と呼ばれた。登場人物：喜児(シィル)、王大春(ワンダァチュン)、楊白労(ヤンバイラオ)、黄世仁(ホアンシーレェン)など。

バレエ【紅色娘子軍】は中央バレエ団の上演。一九三〇年代に海南島の椰林寨(イエリンヂァイ)で、反動地主の南覇天と紅色娘子軍の戦いの話だ。南覇天の土牢から逃げた呉清華は、通りがかった共産党員の洪常青と出会い、洪常青の指導で娘子軍に参加する。下女から娘子軍連党代表になるまでの、彼女の成長過程を描いた作品である。登場人物：洪常青(ホォンチャァンチン)、呉清華(ウゥチンホワ)、連長(リェンチョン)、南覇天(ナンパァティエン)など。

交響曲

交響曲【沙家浜】は、中央交響楽団が上演した。先に挙げた京劇版と同じ内容で、中のいくつかの曲に基づいて、序曲、エピローグを付け、編曲されたもの。オペラ歌手とコーラスが歌った。

コラム　文化大革命期に上演された模範劇

　現代劇と古典劇の違いを、演じる側の視点から見てみると、まず、現代劇においては、従来の京劇の「曲牌体」は使われなくなった。「板腔体」の西皮、二簧および京劇の板式がきっちり揃っていて、正確さを増やした。台詞は、現代の言葉なので、「韻白」（独特のリズム感）がなくなり、現代演劇に近く、京白に近い加工をされて、聞き取りやすく変化した。

　特に、古典京劇の味が薄くなったのは、「做」（仕草）だ。古典劇の技、気持ちを表現する髯、水袖、縧帯、厚底なども使われなくなったため、京劇のイメージも変わった。立ち回りでは、槍や刀に代わって、ピストルなど現代の武器も使われ出した。型よりも、それぞれの登場人物に合った技が求められるようになった。化粧では、隈取の「脸譜」がなくなったため、京劇のインパクトが弱くなり、髯も耳に付けたものではなく、描いたり貼ったりして、より現代人に近い化粧となった。

　衣装は物語に合った衣装を着るようになったため、よりわかりやすくなった。舞台装置も照明も色々使うようになり、新しい試みが行われたが、最も糧となったのは、舞台音楽へのオーケストラの参入だろう。西洋楽器と中国民族楽器の合奏による伴奏などで、芝居の雰囲気を大いに盛り上げる結果となった。

　文化大革命の十年間、庶民たちの娯楽は制限され、許可された映画、舞台、演劇しか上演できなかった。許された京劇の五演目については、ほとんどの京劇団が上演し、テレビ、ラジオ、劇場でも毎日、同じ内容が繰り返し流された。あの時代を生きた人ならば、誰もが同じ台詞を言い、同じ歌を歌い、暗記できるほど身体に染み込んでいる。ちょっと話すだけで、胸が一杯になるに違いない。

第三章　化粧篇

①
俊扮（俊扮 jùnbàn）：
<ruby>ジュンバン</ruby>
【専門用語】京劇の化粧の種類。千差万別である人間の個性を措いて、あえて年代、同種の人間の共通点を概括して、作られた化粧。顔の端正さ、容貌の美しさを重んじ、年配の人物であってもあまり皺などは描かないため、顔が綺麗に見える。「生行俊扮」、「旦行俊扮」などがある。

②
勾臉（勾脸 gōuliǎn）：
【専門用語】京劇の化粧の種類。「臉譜」という決められた人物の図案に従って、描かれる。例えば『覇王別姫』の項羽など。⇒ P139

揉臉（揉脸 róuliǎn）：
【専門用語】京劇の化粧の種類。手でドーランを顔全体に伸ばしてから、細かい部分を描く。例えば『古城会』の関羽など。

抹臉（抹脸 mǒliǎn）：
【専門用語】揉臉のドーランの代わりに水白粉を使う。

面具（面具 miànjù）：
京劇の化粧の種類。顔に着けるお面。「假臉」、「臉子」ともいう。例えば『十八羅漢闘悟空』のお面など。

③

トゥシー
頭飾（头饰 tóushì）:

【専門用語】旦行の髪の毛に付ける物や飾り物の総称。硬、軟二種類がある。

シュウトウヂュオ
梳頭桌（梳头桌 shūtóuzhuō）:

【専門用語】旦行専用の化粧机。

ツァイホァヅ
彩盒子（彩盒子 cǎihézi）:

【専門用語】化粧品の入れ物。

パオヅ
泡子（泡子 pàozi）:

【専門用語】頭飾の一種。ほかに「鬢簪」「泡条」「串聯」「六角」「大頂花」「辺鳳」「偏鳳」「面花」「壓鬢」「後三条」「包頭聯」「竪梁」「横梁」「後兜」「太陽光」「鳳挑」「八宝」「福寿字」「耳墜」「魚翅」「銀錠頭面」「水鑽頭面」「点翠頭面」「插花」「勒頭布」「勒頭帯」「片子」「小弯」「綫簾子」「髪墊」「髪簪」などがある。

④ 髪型

ダァトウ
大頭（大头 dàtóu）:

【専門用語】旦行の髪型。例えば『武家坡』の王宝釧。⇒P137

グゥヂュアントウ
古裝頭（古装头 gǔzhuāngtóu）:

【専門用語】旦行の髪型。例えば『天女散花』の天女。

チィヂュアントウ
旗裝頭（旗装头 qízhuāngtóu）:

【専門用語】旦行の髪型。例えば『四郎探母』の鉄鏡公主。『両把頭』、『一字頭』ともいう。

第三章　化粧篇

⑤ 髯 (髯 rán)：
【専門用語】各種の髯の総称。「髯口」「口面」ともいう。人間の髪の毛で作られた物とナイロン製の物がある。

満髯 (満髯 mǎnrán)：
【専門用語】髯の一種。ほかに、「二涛髯」「一字髯」「扎髯」(黒、赤、鬈（灰色）、白がある)「耳毛子」(よく扎髯、一字髯と一緒に使われる。)「三絡髯」(黒、白、灰色がある)「丑三絡髯」「八字髯」「吊搭髯」「四喜髯」「五撮髯」「一戳髯」「二挑髯」などがある。

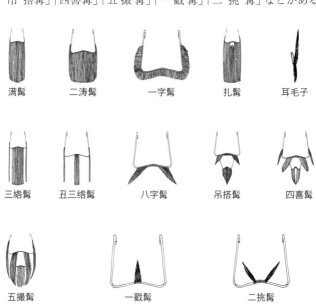

満髯　　二涛髯　　一字髯　　扎髯　　耳毛子

三絡髯　　丑三絡髯　　八字髯　　吊搭髯　　四喜髯

五撮髯　　一戳髯　　二挑髯

第三章　化粧篇

⑥ 臉譜（脸谱 liǎnpǔ）:
【専門用語】様式化された化粧図案。隈取役、道化役に使う。楽譜と同じように、プロ同士では臉譜の名前をいえばすぐわかる。主な種類に「整臉」「三塊瓦臉」「六分臉」「十字門臉」「歪臉」「碎臉」「象形臉」「小花臉」など。臉譜の色には、主色、副色、界色がある。どんなに複雑な臉譜でも、主色は一色のみ。副色は主色の補助色となり、界色は色と色の境目に使う。

　色の意味は、紅：正義感があり、気骨のある人物。例えば「関羽」など。黒：勇猛、剛直、生真面目で正義感があり、情け容赦のない人物。例えば「包拯」など。白：奸悪で陰険な人物。例えば「曹操」など。紫：謹厳で忠実、温厚な性格。黄：策略をめぐらす人物。青、藍：短気で、気性が荒々しい人物。金、銀：神、仏、妖怪など。

整臉（整脸 zhěngliǎn）:
【専門用語】隈取の一種。端正で重々しい。例えば『包龍図』の包拯など。

三塊瓦臉（三块瓦脸 sānkuài wǎliǎn）:
【専門用語】隈取の一種。形は三枚の瓦のようなので、こう名付けられた。例えば『失街亭』の馬謖など。

六分臉（六分脸 liùfēnliǎn）:
【専門用語】隈取の一種。「老臉」ともいう。年を取った人。例えば『群英会』の黄蓋など。⇒ P137

十字門臉（十字门脸 shízì ménliǎn）:
【専門用語】隈取の一種。鼻のところにまるで「十」の字が見えるように色が分けているので、こう名付けられた。例えば『芦花蕩』の張飛など。

歪臉（歪脸 wāiliǎn）:
【専門用語】隈取の一種。顔の図案が非対称で、容貌の醜さ性格の悪さを意味します。例えば『斬黄袍』の鄭子明など。

第三章　化粧篇

砕臉 _{スゥイリエン} （碎脸 suìliǎn）：

【専門用語】隈取の一種。身分が高くない人物が多い。例えば『鎖五龍_{スゥオウゥルゥン}』の単雄信_{シャンシオンシン}など。

象形臉 _{シアンシィンリエン} （象形脸 xiàngxínglǐan）：

【専門用語】隈取の一種。動物の顔などを図案化したもの。例えば『大鬧天宮_{ダァナオティエンゴォン}』の孫悟空など。

小花臉 _{シアオホワリエン} （小花脸 xiǎohuāliǎn）：

【専門用語】隈取の一種。道化役の化粧。隈取の化粧より面積が小さいため、こう名付けられた。ほとんどの小花臉は、顔の真ん中を白く塗るため、『豆腐塊臉_{ドウフゥクワイリエン}』ともいう。例えば『群英会_{チュインイィンホゥイ}』の蔣干_{ジアンガン}など。⇒P137

コラム
中国演劇の極意（絶活）

　長い歴史を持つ中国演劇はいくつかの支えがあって、ここまできた。豊富な演目、絶えず輩出されてきた名優たち、国内外にファンがあることなどが挙げられる他、技の極意もその要因の一つではないかと思う。思いも寄らぬ、記憶に残る技、輝く絶技は舞台を盛り上げ、観客は魅了され、劇中に吸い込まれる。絶活というのは極めてすぐれた技術、技、また彼しかできないものを言う。これは娯楽としての演劇に欠かせない要素であるだろう。

　しかし、絶技を身に付けることは、容易なことではない。中華人民共和国が成立する一九四九年以前の旧社会では、役者同士の競争も激しかった。師匠が弟子に、「金は貸しても、技だけは絶対、教えない」という逸話があるほど、昔の科班でも現在の戯曲学校でも、さまざまな基本功は教えるが、独特な技、とりわけ絶技に関しては世襲で受け継ぐか、自力で師匠を見つけて弟子になるしか道がなかった。学べるチャンスはごく限られ、中には習得がかなわない奥義も数多く存在した。

　中国語で「一招先、吃遍天（誰よりも上手い、あるいは誰も知らない、できない絶技を一つ持てば、どこへ行ってもご飯が食べられる）」とあるように、京劇の役者たちは「一招先」のため、あの手この手で、工夫に工夫を重ねて、奥義を探し続けてきた。

踢慧眼（ティホゥイイエン）（開眼（カイイエン）ともいう）
　役者の基本功「腿功（トゥイゴォン）」（足の柔軟訓練）から生まれた技。

一瞬にして、顔にもう一つ目を付けること。これは秘密の技でも何でもなく、誰の目にも明白な芸で、練習すれば誰でもできる。ただし、身体の柔らかさと気迫が必要である。これこそ「台上一分鐘、台下十年功（舞台での一分間の演技は、十年間の日々の訓練の土台がある）」という教えどおり、この踢慧眼もたった一秒間の技ながら、役者の毎日の訓練がしのばれる。

　方法は二つある。一つは、自分の足を使って、靴（底の高い靴）にあらかじめ付けてある"もう一つの目"を額に蹴りつけて、三つ目にする方法。もう一つは、額に描いた眼を紙で隠しておいて、靴に付けた糊で紙を外す方法。どちらにしても、自分の足が額に届かなければ話が始まらない。例えば、川劇【白蛇伝】（バイショアデュワン）に韋陀という神兵天将が出てくる。舞台に登場すると、敵を探しながら、「待吾睁開慧眼一観（慧眼を開けて、見てみよう）」と言い、その後、瞬間的に、踢慧眼にして、三つ目の眼を額に付ける。神兵天将の神力も発揮した！という劇の筋書きにぴったりの、注目度が高い技だ。

藏刀（ツァンダオ）

　殺人用の長さ六十センチ前後の小道具の刀が、一瞬にしてなくなる技。まるで手品のようだが、劇の筋に合わせて応用すると、意外な効果が生まれる。

　川劇【打紅台】（ダァホンタイ）の殺人の場面では、この技が際立っている。肖方という人物が船に乗り、刀を出して主人を殺そうとした瞬間、「ここは人の行き来が多い」と思い留まる。肖方が刀を取り出し、また隠すのを目撃した主人の妻が、夫にこのことを知らせる。心優しい主人が肖方に「本当か」と尋ねると、刀など持っているはずがないと、肖方はわざわざ上着を脱いで見せる。すると、そこにあるはずの刀がない。ここで観客

コラム　中国演劇の極意（絶活）

は驚く。

　夫婦が半信半疑のまま船を出し、船が港を離れるやいなや、肖方は再び、刀を取り出して、夫婦を海に追い詰める……。絶技を見せながら、肖方という人物の描写も見事にできたのだ。

　「技不離戯、戯不離技（技は劇から離れない、劇も技が欠かせない）」とは演劇界の格言だが、妙技と芝居の深み、両方で観客を魅了し、錦上花を添える。

吐火（トゥホゥオ）

　口から火を吹き出す技。神様、幽霊、妖怪などが、自分の神威を見せるために使われる。本物の火が出るので、要注意。方法は二つある。一つは、役者が「火筒」という小道具に、専用の紙を燃やした灰を入れ、口に火筒を銜えて舞台に登場する。使う時に息を吹き出すと、火筒の穴から火が出てくる仕掛けになっている。通常、舞台を暗くして、火をドラマティックに見せる。日本でも上演された【大鬧天宮】の巨霊神は、この吐火をして、不思議な力を見せつけた。

　もう一つの方法は、役者が片手に松明を持って、口に油を銜える。そして、舞台に登場すると、松明に油を吹き付けて、一メートル以上の炎柱を作り出す。演者の体に油の管が付けてあるので、何回でも出来る。川劇【金山寺（ジンサンスー）】では、風の神、火の神がこの吐火を使って、舞台の雰囲気を盛り上げると同時に、神力も十分に発揮した。

変臉（ビエンリエン）

　映画『この櫂に手をそえて』で紹介されたおかげで、知名度の高い技である。中国本土では勿論のこと、日本を初め海外でもよく知られている。一瞬の早変わりで、顔の表情、形、

色を変え、人物の心理変化、神力を表す。長らく門外不出の技とされてきたが、知名度が高くなるにつれ、だいぶ禁も緩んできた。

　昔は「伝男不伝女、伝内不伝外」といわれ、女性には絶対、教えなかった。他家に嫁ぐ女性が、技も一緒に持って行くことは許されない。「伝内不伝外」は、関係者以外の人間、素人などには教えられないことを指す。先の映画では、子供がいない主人公の変臉王は、跡取りとして、買ってきた子供が女の子だとわかり、ショックを受けるが、自分の財産（＝技）を受け継ぐ男の子ではないから、というのが理由である。

　変臉という技の中で、最も多用されるのが映画に出てきた方法の「扯線変臉」である。迫力も速度もある。この他「吹粉変臉」「摸臉変臉」もある。吹粉変臉は、前もって準備した白い粉の入った容器を机の下や椅子の裏などに隠しておく。使う時は自分の顔に向けて一気に吹き、飛んだ粉を顔に着けると、顔色が変わる（但し、自分の顔がどう変わったのか、本人には見えないことが弱点）。また、摸臉変臉も、前もって用意したドーランを手に付けて顔に描くことで、顔の模様を変えることができる。弱点は手が汚れることだ。これらと比べると扯線変臉の方が自分の顔がどう変わるか予測できるし、手も汚れない。

　いずれにせよ、顔が変わる瞬間も見せられるという点では、魅力的な絶技といえる。仕掛けがあるとはいえ、練習は不可欠で、あとは「師父領進門、修行在個人（先生は門の入り口のところまで、コツを教えてくれるだけで、道術を収めるのは自分次第）」となる。

　じつは筆者も、変臉を習った経験がある。習う前はまるでスイッチを押すかの如く、一瞬で顔が変わるかと想像してい

コラム　中国演劇の極意（絶活）

たが、まったく違っていた。よく、孫悟空の如意棒も電気が通っているように見えるというが、間違いなく人間の手で回っている。それと同じように、変臉もあっという間に早変わりしても、人間の手でしていることに変わりはない。「伝男不伝女」という割には、男には向いてないと思う。細かい手作業だったと覚えている。短時間の技ではあるけれども、そこには高度な集中力がなければならない。そして、お客さんがどんなに熱烈に拍手をしてくれても、歌手のように、すぐアンコールを受けることはできない。単純に技だけを見せるより、やはり芝居の筋の中で、極意が生きるように使うことで、さらに興趣を増すことは言うまでもないだろう。

正是：	まさにこの通り：
一招先、吃遍天、	極意一つ持てば、どこに行っても生きられる、
多少芸人為之蹟、	そのために大勢の芸人が苦労した、
変臉、吐火、踢慧眼、	変面、火を吐く、三つ目の眼を付ける、
神奇鬼妙也人間。	不思議な演技、技でも観客のために表現している。

第四章　服装篇

京劇服装

　京劇の服装は、俗に「行頭」(xíngtou)と呼ばれる。舞台で着る服の総称である。芸術家たちは、明時代の服装を基に、宋、元時代の服装を参考にして、さらには清時代の旗装、箭衣を取り入れて、芸術的加工や美化を行い、一つの様式を作り上げた。

　その特徴は、①時代・地域の枠を超える：例えば、皇帝の服ならどの時代の、どの場所の皇帝でも、同じ服を着られる。服は着る人の身分が分かればいいという考え方。②季節にとらわれない：衣装の素材からは季節を類推することはできない。そのため、季節を表現する必要がある場合は、衣装に飾りを付けたり、歌や台詞で表現する。例えば、『三顧茅廬』の劉備、関羽、張飛の三人が大雪の中、諸葛孔明を訪ねる場面。風帽（風よけ）を被り、斗蓬（マント）を羽織ることで、季節を表現している。③日常生活の枠を超える：例えば、玉帯という日常生活で使うベルトから派生した飾り物など、演劇の表現手段として作られる。京劇界では「寧穿破、不穿錯（衣装が古くてボロボロとなっても、人物と合致していれば着用して好いが、どんなに新しくてぴかぴかの衣装でも間違って着てはならない）」という言葉がある。舞台衣装は上五色（正色ともいう）の紅、黄（老黄、牙黄、杏黄）、緑、黒、白と、下五色（副色ともいう）の紫、粉（ピンク）藍、湖（浅緑）、古銅（茶色）がある。通常、これを『箱中十色』という。また衣装を大別すると、長袍類、短衣類、鎧甲類、盔帽類、靴鞋類の五種類がある。

第四章　服装篇

① 服装管理

大衣箱（大衣箱 dàyīxiāng）:
【専門用語】主に蟒袍、官衣、帔、褶子、開氅など水袖が付いた衣装を収納する箱である。それを管理する担当者のことも「大衣箱」と呼んでいる。俗に「箱官児」という。

二衣箱（二衣箱 èryīxiāng）:
【専門用語】主に武服を中心に、靠、箭衣、抱衣抱褲、侉衣侉褲などを収納する箱である。それを管理する担当者のことも「二衣箱」と呼んでいる。

三衣箱（三衣箱 sānyīxiāng）:
【専門用語】主に水衣子（衣装を付ける前の下着）、胖襖、彩褲、護領などを収納する箱である。

盔箱（盔箱 kuīxiāng）:
【専門用語】盔、冠、帽、巾、翎子など頭に被る物、付ける物および、各種の髯などを収納する箱である。

靴箱（靴箱 xuēxiāng）:
【専門用語】各種の鞋および靴下などを収納する箱である。

② 服装類（長衣）

蟒（蟒 mǎng）:
衣装の一種。『蟒袍』ともいう。「男蟒」「女蟒」「老旦蟒」「旗蟒」がある。貴族階級の服で、龍や鳳凰などが刺繍されている。通常、蟒袍を着る場合には、玉帯、三尖（飾り領）も付ける。

紅団龍蟒（红团龙蟒 hóngtuán lóngmǎng）:
衣装の一種。身分が高い人物の正装。例えば『秦香蓮』の陳世美など。⇒ P139

第四章　服装篇

緑団龍蟒^リュイトワンルオンマァン （绿团龙蟒 lùtuán lóngmǎng）：
衣装の一種。身分が高い人物。例えば『古城会』^グウチョンホゥイの関羽^グワンユイなど。

黄蟒^ホワンマァン （黃蟒 huángmǎng）：
衣装の一種。身分が高い人物。例えば『上天台』^シャァンティエンタイの劉秀^リュウシウなど。

白蟒^バイマァン （白蟒 báimǎng）：
衣装の一種。身分が高い人物。例えば『群英会』^チュンインインホゥイの周瑜^ヂョウユイなど。⇒ P137

黒蟒^ヘイマァン （黑蟒 hēimǎng）：
衣装の一種。身分が高い人物。例えば『覇王別姫』^バァワンビエジンの項羽^シアンユイなど。⇒ P139

紫蟒^ヅーマァン （紫蟒 zǐmǎng）：
衣装の一種。身分が高い人物。例えば『大保国』^ダァバオグゥオの徐延昭^シュイイエンヂャオなど。

女蟒^ニュイマァン （女蟒 nǚmǎng）：
衣装の一種。身分が高い人物。例えば『貴妃醉酒』^グゥイフェイヅゥイジウの楊貴妃^ヤングゥイフェイなど。⇒ P140

老旦蟒^ラオダンマァン （老旦蟒 lǎodànmǎng）：
衣装の一種。老旦専用の蟒。例えば『四郎探母』^スーラァンタンムゥの佘太君^ショァタイチュインなど。

旗蟒^チマァン （旗蟒 qímǎng）：
衣装の一種。清時代の満州族の民族衣装を京劇に取り入れた服だが、舞台上では、時代に制約されることなく、満州族以外の人物でも、民族が異なることを表すために着用できる。例えば『大登殿』^ダァデゥンディエンの代戦公主^ダイヂャンゴォンヂュウなど。

官衣^グワンイィ （官衣 guānyī）：
衣装の一種。蟒袍から派生した官吏の衣装で、胸と背中に一品から九品までの官位を表す四角の「補子」^ブゥツが付いている。明・清時代の人々は補子の模様を見て官位の高さを判断した。現在、京劇の補子は、一種類の図案だけを使い、官位の象徴としている。男性用、女

98

改良官衣 (改良官衣 gǎiliángguānyī)：
衣装の一種。補子の代わりに、刺繍を胸に付けてある。例えば『群英会』の魯粛など。⇒P137

帔 (帔 pī)：
衣装の一種。京劇界ではこの字を（PI-）と発音するが、普通は（PEI）と読む。貴族の夫婦や新郎新婦などがよく着用する。男性用、女性用がある。例えば『打金磚』の劉秀など。

褶子 (褶子 xuézi)：
衣装の一種。「道袍」ともいう。京劇界では、褶の字を（XUE）と発音するが普通（ZHE）と読む。文武、貴賤、老若男女、誰でも着ることができる。例えば『野猪林』の林冲など。

素褶子 (素褶子 sùxuézi)：
衣装の一種。一色のみの褶子。男性の庶民の服で、紅、藍、湖、古銅などの色がある。例えば『四進士』の宋士傑など。

青褶子 (青褶子 qīngxuézi)：
衣装の一種。黒で、襟だけが白。貧しい庶民がよく着る。

海青 (海青 hǎiqīng)：
衣装の一種。褶子から派生した服で、『院子衣』ともいう。

富貴衣 (富貴衣 fùguìyī)：
衣装の一種。褶子から派生した服で、何枚か継ぎが当ててある。『窮衣』ともいう。

老斗衣 (老斗衣 lǎodǒuyī)：
衣装の一種。褶子から派生した服で、地色は白。

第四章　服装篇

短跳（短跳 duǎntiào）：
衣装の一種。褶子から派生した短褶子で『小褶子』、『安安衣』ともいう。

青袍（青袍 qīngpáo）：
衣装の一種。褶子から派生した服で、水袖が付いてない黒服。

女富貴衣（女富貴衣 nǚfùguìyī）：
衣装の一種。女性用の富貴衣。

老旦褶子（老旦褶子 lǎodàn xuézi）：
衣装の一種。老旦専用の褶子。

開氅（开氅 kāichang）：
衣装の一種。オーバーコートに相当し、勇士、武将などがよく着るため、図案には獅子、豹、虎などが多く用いられる。例えば『将相和』の廉頗など。

靠（靠 kào）：
衣装の一種。「硬靠」「軟靠」「改良靠」がある。通常、武将用の衣装で、男性用、女性用がある。例えば『長坂坡』の趙雲など。

硬靠（硬靠 yìngkào）：
衣裳の一種。旗を付けた靠。

軟靠（软靠 ruǎnkào）：
衣装の一種。旗を付けない靠。

改良靠（改良靠 gǎiliángkào）：
衣装の一種。上下セパレートで、靠肚がない。下甲は四枚となった

靠。例えば『扈家庄』の扈三娘 など。

箭衣（箭衣 jiànyi）：
衣装の一種。清時代の満州族の人が、よくこの服を着て、馬に乗り、箭（矢）を射たため、こう名付けられた。広い範囲で用いられ、三尖も付ける。例えば『群英会』の周瑜など。⇒P137

素箭衣（素箭衣 sùjiànyi）：
衣装の一種。刺繍のない箭衣。

龍套衣（龙套衣 lóngtàoyī）：
衣裳の一種。龍套専用の服。

斗蓬（斗蓬 dǒupeng）：
衣裳の一種。マント。

龍斗蓬（龙斗蓬 lóngdǒupeng）：
衣裳の一種。龍を刺繍したマント。

女鳳斗蓬（女凤斗蓬 nǔfèng dǒupeng）：
衣裳の一種。鳳凰を刺繍した女性用のマント。

素斗蓬（素斗蓬 sùdǒupeng）：
衣裳の一種。刺繍のないマント。

小斗蓬（小斗蓬 xiǎodǒupeng）：
衣裳の一種。小さいサイズのマント。

蓑衣（蓑衣 suōyī）：
衣裳の一種。舞台用の雨避けの蓑衣。

（短衣）

茶衣（茶衣 cháyī）：
衣裳の一種。子供、給仕、漁師、労働者などがよく着る服。

第四章　服装篇

襖、褲、裙 <small>アオ、クゥ、チュイン</small> (袄 ǎo、裤 kù、裙 qún)：
女性の上着、ズボン、スカートのセット。

抱衣抱褲 <small>バオイィバオクゥ</small> (抱衣抱裤 bàoyī bàokù)：
衣装の一種。男役の一揃い。上着の下に走水（三色の短かいスカートのような飾り）が付けてある。例えば『三岔口』の任堂恵など。⇒ P143

侉衣侉褲 <small>クワイイクワクゥ</small> (侉衣侉裤 kuǎyī kuǎkù)：
衣裳の一種。男役の一揃い。袖口から脇を通って裾までと、襟元から裾まで、白い英雄結（かけひも）が付いている。例えば『武松打虎』の武松など。

戰衣戰裙 <small>ヂャンイィヂャンチュイン</small> (战衣战裙 zhànyī zhànqún)：
衣裳の一種。女性用の一揃い。例えば『雛鳳凌空』の楊排風など。

罪衣罪裙 <small>ヅゥイイィヅゥイチュイン</small> (罪衣罪裙 zuìyī zuìqún)：
衣裳の一種。赤い、罪人用の一揃い。男性用、女性用がある。例えば『蘇三起解』の蘇三など。⇒ P141

馬掛児 <small>マァグワル</small> (马褂儿 mǎguàr)：
衣裳の一種。清時代の礼服を取り入れた服。通常、箭衣の上に着て、三尖も付ける。

彩褲 <small>ツァイクゥ</small> (彩裤 cǎikù)：
衣裳の一種。男女とも着用するズボン。

水衣子 <small>シュイイィヅ</small> (水衣子 shuǐyīzi)：
服装の下着。吸水力の強い布で作られて、よく汗を吸い取るため、こう名付けられた。

護領 <small>ホゥリィン</small> (护领 hùling)：
衣裳の付属品。衣裳の襟が汚れないよう、首に回して使う。

小袖 (小袖 xiǎoxiù)：

衣裳の付属品。衣裳の袖が汚れないよう、半分袖にかぶせるように折って使う。

胖襖 (胖袄 pàng'ǎo)：

衣裳の付属品。体形を大きく見せるため、靠などを着る時に使う。

③ 盔帽類

盔 (盔 kuī)：

戦う時、頭を守る金属製の被り物。形が固定されており、折り畳むことができない。「帥盔」「夫子盔」「罐子盔」「倒纓盔」「中軍盔」「荷葉盔」「獅子盔」「虎頭盔」「扎巾盔」「八角盔」「鉆天盔」「賊盔」「蝴蝶盔」などがある。

帥盔　　　蝴蝶盔

平天冠 (平天冠 píngtiānguān)：

被り物の一種。皇帝用。ほかに、「鳳冠」「老旦鳳冠」「如意冠」「道姑冠」などがある。

平天冠　　　鳳冠

第四章　服装篇

王帽（王帽 wángmào）：
被り物の一種。『皇帽』ともいう。皇帝用。ほかに、「韃帽」「侯帽」「紗帽」「羅帽」（硬、軟の二種類がある）「僧帽」（お坊さん専用）「皂隷帽」などがある。

紗帽

皂隷帽

皇帽

員外巾（员外巾 yuánwàijīn）：
被り物の一種。員外と呼ばれる名前がない地方の有力者が被る。ほかに、「相巾」「文生巾」「小生巾」「武生巾」「板巾」などがある。

員外巾

小生巾

④　髭類（第三章化粧篇を参照）

⑤　靴鞋類

靴鞋類（靴鞋类 xuēxiélèi）：
京劇の靴は、衣装に属する。

厚底靴（厚底靴 hòudǐxuē）：
靴の種類。ブーツのような形で、鞋底は白くしてあり、十センチ前後の厚さがあります。通常、蟒、靠、官衣などを着るときに穿く。

朝方靴（朝方靴 cháofāngxuē）：
靴の種類。厚底靴と同じデザインだが、底の高さは、三センチ程度。

第四章　服装篇

虎頭靴 (虎头靴 hǔtóuxuē)：

靴の種類。靴の正面に虎の頭の図案が付いているため、こう名付けられた。

方口皂 (方口皂 fāngkǒuzào)：

靴の種類。道化役の文丑がよく穿く。

福字履 (福字履 fúzìlǚ)：
靴の種類。年配の人物が穿く。

登雲履 (登云履 dēngyúnlǚ)：
靴の種類。雲の模様が付いてある。

僧鞋 (僧鞋 sēngxié)：
靴の種類。お坊さん用。

洒鞋 (洒鞋 sǎxié)：
靴の種類。漁師用。『魚鱗洒』ともいう。

快靴 (快靴 kuàixuē)：

靴の種類。『薄底』『薄底快靴』ともいう。

彩薄底 (彩薄底 cǎibáodǐ)：

靴の種類。女性用薄底。

彩鞋 (彩鞋 cǎixié)：

靴の種類。女性用。

彩旦鞋 (彩旦鞋 cǎidànxié)：
靴の種類。彩旦用。

旗鞋 (旗鞋 qíxié)：

靴の種類。鞋底の真ん中だけ高くしてあり、形状が植木鉢を逆さにしたようなので、『花盆底』ともいう。旗蟒、旗袍を着るときに穿く。

大袜 (大袜 dàwà):

舞台用の靴下。ゆったりして膝まであり、低い鞋と合わせて穿く。

コラム
京劇の龍套

　龍套とは、村人、兵士、従者、将官など、その他、大勢を演じる役者のこと。特徴のある「龍套衣」を着用するので、龍套と呼ばれる。どんな小さな端役でも、名前の付いている者は龍套とはいわない。龍套は必ず四人一組（一堂という）で舞台に登場するので、一人目から四人目までの順に、頭家、二家、三家、四家、または頭旗、二旗、三旗、四旗と呼ぶ（芝居によっては、使う数も違う）。

　龍套グループは、同色の龍套衣を必ず着ている。主役の服の色に合わせて、龍套衣の色も使い分ける。龍套は、歌も主に「曲牌」を全員で歌い、主役などへの受け答えはあるが、台詞、歌は少ない。

　ところが、登場や退場などに始まる動きは実に豊富で、様式化されている。それぞれに専門用語を使うので、ベテランの役者同士なら、言葉だけで舞台の打ち合わせができるほど。ここで、登場の「站門」と退場の「插門下」の例を見てみよう。登場の「站門」では、四人が二組に分かれて登場する。一組目の頭家と二家は、下手から九龍口（舞台の位置）まで行って、少し止まり、直ぐ舞台の前方中央まで進む。この時、二組目の三家と四家が九龍口まで出る。舞台の前方中央に来た一組目は、少し立ち止ってから、左右に分かれ、舞台の両側に立つ。一組目が二人分かれると同時に、二組目の二人も舞台の前方中央に来て、少し立ち止ってから左右に分かれ、それぞれ一組目の隣に立つ。

　退場の「插門下」は、頭家、二家、三家、四家の順で、舞台中央を通って一列になり、上手に入る……とこういう具合

である。

　このほかにも、A地点からB地点まで来たことを表現する「一条辺イィティアオビエン」「斜一字シエイィーヅ」、双方の兵士や部下が下手と上手から出てきて、舞台中央に顔合わせてから、舞台の前方で分かれて、これから戦闘が始まることを表現する「二龍出水アルルォンチュウシュイ」、陣内、庭、部屋などに戻ってきたことを表現する「挖門ワァメン」、激しい戦闘中に、一条の活路を切り開いて突破することを表現する「拔落倒脱靴バアルゥオダオトゥオシエ」、部隊の出発や派兵後の動きを表現する「龍摆尾ルォンバイウェイ」、出迎えや見送り、にぎにぎしい場面を表現する「骨牌隊グゥパイドゥイ」、命令されて退場する「両辺翻下リアンビエンファンシア」、戦う前に双方の主将が武器を高く×形に掲げて、兵士たちがその武器の下を通っていく「鈷煙筒ヴァンイエントォン」、室内の捜査や相手を探すことを表現する「一翻両翻イィファンリアンファン」、包囲や追撃することを表現する「追過デュイグゥオ」などがある。

　脇役ながら、龍套は人数の多さや儀式を表し、芝居全体の雰囲気作りに大きく貢献している。古典劇に無くてはならない存在である。

正是：
龍套上下手、獅子老虎狗、
想要戯伝神、様様都得有。

まさにこの通り：
上手に劇を伝えたいのなら、
色々な脇役が居なければならないのだ。

コラム 京劇の龍套

龍套站門図

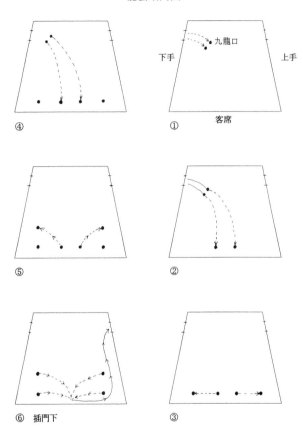

第五章　道具篇

京劇道具：芝居の人物が使用する用具のこと。『砌末 _{チエモォ}』ともいう。
　　　　　どの劇団でも共通して使えるのが特徴。

① 大道具

一桌二椅（一桌二椅 yìzhuō èryǐ）: _{イィヂュオアルイィ}

一つのテーブルと二つの椅子。テーブルは赤い木製で置き方によって様々な場所、状況を表現する。一卓のテーブルが食卓になり、霊堂になり、山にもなる。椅子一脚が井戸、壁や坂になる。テーブルと椅子をセットで使えば、城楼、または船にもなる。また、テーブルと椅子の組み合わせ方を変えることで、劇中の多種多様な状況を表す。

小座儿（小座儿 xiǎozuòr）: _{シアオヅゥオル}

【専門用語】舞台中央のテーブルの前に、椅子を一つ置く。人物が暇なとき、何かを待っているときに使う。

大座儿（大座儿 dàzuòr）: _{ダァヅゥオル}

【専門用語】椅子をテーブルの後ろに置く。テーブルの上に置くものによって、書斎になったり、法廷になったりする。

八字跨椅（八字跨椅 bāzikuàyǐ）: _{バァヅクワイィ}

【専門用語】テーブルの両側に椅子を一つずつ置いて、部屋で夫婦二人が話している、あるいは、店でお客さんと主人が話していることを表すなど。

桌帷（桌帷 zhuōwéi）: _{ヂュオウェイ}

【専門用語】テーブルの前面に垂らすクロス。

椅披（椅披 yǐpī）: _{イィピィ}

【専門用語】椅子カバー。

第五章 道具篇

大帳子（大帐子 dàzhàngzi）：
【専門用語】建物や場所を表す。

小帳子（小帐子 xiǎozhànzi）：
【専門用語】サイズが小さい大帳子。佛龕などを表す。

聖旨（圣旨 shèngzhǐ）：
道具。長方形の黄布に「聖旨」の字が刺繍されている。

旗（旗 qí）：

一、大纛旗（大纛旗 dàdàoqí）：
元帥の後ろにいる従者が持つ旗。字があれば、「帥字旗」ともいう。例えば、旗の真ん中に「項」の字があれば項羽陣営のことを表す。「穆」の字があれば、穆桂英の陣営であることを表す。

二、車旗（车旗 chēqí）：
二枚の布の上に車輪の絵が描いてある。一人がこれを両手に持ち、前の人を挟むようにして、二人歩くと、車に乗って進んでいることを表す。

三、水旗（水旗 shuǐqí）：
水色の布に、波の絵が描いてある。通常、四人か八人で持ち、海を表現する。

四、火旗（火旗 huǒqí）：
黄色い布に炎が描いてある。火を表現する。

五、令旗（令旗 lìngqí）：
白い布に「令」の字が書いてある。命令を伝える。

第五章　道具篇

旗袍箱<small>チィパオシアン</small>（旗袍箱 qípáoxiāng）：
道具掛。主に道具の大帳子、小帳子、各種の旗、桌帷、椅帔及び『把子<small>パァヅ</small>』全般などを管理する。『旗把箱<small>チィパァシアン</small>』ともいう。

②　小道具

鞭<small>ビエン</small>（鞭 biān）：

道具。鞭で馬<small>マァ</small>を意味する。時に、牛や驢馬なども表す。鞭を右手で持って、跨ぐ動作をすれば、馬に乗ったこと、投げ捨てると、馬を下りることを意味する。鞭は籐製で、周囲に絹糸を巻き、先端と周りには房が付いている。房三つは文官用、五つは武将用。房の色が赤は棗紅馬<small>ヅァオホォン</small>、黄色は黄驃馬<small>ホアンピアオ</small>、白が白龍馬<small>バイルォン</small>、黒は烏騅馬<small>ウゥヂュイ</small>、粉（ピンク）は桃紅馬<small>ティアオホォン</small>など。

船槳<small>チュワンジアン</small>（船桨 chuánjiǎng）：
道具。写実的に作られた櫂、オール。

鎖<small>スゥオ</small>（锁 suǒ）：
道具。木製の写実的なもの。首に掛けて、犯人が縛られていることを表す。

雲帚儿<small>ユィンヂョウル</small>（云帚儿 yúnzhǒur）：
道具。払子。僧侶がよく持つ。『蠅帚<small>イィンヂョウ</small>』ともいう。

扇子<small>シャンヅ</small>（扇子 shànzi）：
道具。様々な形、模様がある。

人形儿<small>ロェンシィンル</small>（人形儿 rénxíngr）：
道具。赤ん坊を表す。

雲牌<small>ユィンパイ</small>（云牌 yúnpái）：
道具。雲の模様を描いた板。

第五章　道具篇

山石牌（山石牌 shānshípái）：
道具。山や石の模様を描いた板。

牙笏（牙笏 yáhù）：
道具。参内するとき手に持つ。

傘（傘 sǎn）：
道具。油紙を張った傘。

棋盤（棋盘 qípán）：
道具。木製で、将棋の駒が描いてある。

鏢嚢（镖囊 biāonáng）：
道具。布の袋に「鏢」と描いてある。中に鏢という武器が入っていることを表す。

酒具（酒具 jiǔjù）：
道具。宴会、食事のシーンに使う金色の酒壺、コップ。

印匣（印匣 yìnxiá）：
道具。印鑑箱。黄布で包んである。

簽筒、簽条（签筒、签条 qiāntǒng, qiāntiáo）：
道具。銀色の箱（簽筒）に先を紅くした簽条をいれてある。刑の執行用。

令箭（令箭 lìngjiàn）：
道具。金と緑で、龍と星の図案が描いてある。

堂板（堂板 tángbǎn）：
道具。竹で作られた刑具。

燭台（烛台 zhútái）：
道具。蝋燭立て。

113

<ruby>書信<rt>シュウシン</rt></ruby>（书信 shūxìn）：
道具。手紙。封筒に便箋を折って入れてある。

<ruby>状紙<rt>デュアンデー</rt></ruby>（状纸 zhuàngzhǐ）：
道具。長さ一メートル、幅十五センチ位の白い紙。訴状などに使う。

③ 把子

<ruby>把子<rt>バァヅ</rt></ruby>（把子 bǎzi）：
道具。舞台用の兵器、武器など。例えば：剣、棍棒など。

<ruby>龍形児<rt>ルォンシィンル</rt></ruby>（龙形儿 lóngxíngr）：
道具。龍の着ぐるみ。

<ruby>虎形児<rt>ホウシィンル</rt></ruby>（虎形儿 hǔxíngr）：
道具。虎の着ぐるみ。

<ruby>狗形児<rt>ゴウシィンル</rt></ruby>（狗形儿 gǒuxíngr）：
道具。狗の着ぐるみ。

コラム
孫悟空と三国志の裏話

一、孫悟空の早変わり

　京劇【大鬧天宮】(ダァナオティエンゴォン)の劇中、太上老君に捕えられた孫悟空が八卦炉に入れられて金丹を取り戻されそうになるが、難を逃れて、脱出する。八卦炉から出てきた孫悟空は、いくつかの点で変身を遂げている。まず、それまでの黄色い服は紫の衣裳に替わり、帽子や靴なども、火に焼かれる前とすべて色が変わる。身に付けるものだけでなく、目の周りも灰色から金色に変わり、甦った孫悟空はここから「火眼金精」(ホゥオイエンジンジィン)になる。

　舞台上に姿がないにも拘わらず、この場面は孫悟空の役者にとっては、最も忙しい。八卦炉に入れられたらすぐ、舞台裏で衣装をほとんど取り替え、目の周りを金色に塗る。と同時に、舞台上にいる太上老君とこんな会話を交わす。

　太上老君：熱いかね？

　孫悟空：気持ちいいぐらいだよ

　種明かしをすれば、ここだけは、他の人間が孫悟空に成り代わって、代役で答える場面。裏で次の支度に大忙しの孫悟空に話す暇はとてもないので、見えないところで、他の人の助けを得ているというわけである。

二、戦えない如意棒

　孫悟空は妖怪と戦うたび、様々な如意棒を使う。この棒には秘密があって、立ち回りで使われる如意棒は、役者たちが通常、練習用に使うのと同じ藤でできている。弾力性に富み、撓むので、そう簡単には折れない。使いやすいよう、小道具

係さんが長さ、太さ、重さを役者に合わせて作ってくれる。さらにその上に綺麗なひもやテープ、布など棒に巻きつけて、本番用の如意棒が完成する。

ところで素手の孫悟空が耳から何かを取り出し、空中に投げた瞬間、如意棒に変わる場面を、皆さん、御覧になったことはないだろうか。このときの如意棒は、映画のフィルムに似た材料で作られた「假棍」(上海では「変棍」と呼ぶ)というもの。前もって小さく巻いて手に持ったり、お客さんから見えない所に隠しておく。使うときに素早く取り出し、空中に投げると、巻いた状態の假棍が空中で伸びて棒状になり、如意棒がいきなり現れるという仕掛け。ただこの棒は、立ち回りに使えないので、すぐ他の如意棒と交換するか、または持ったまま退場するようになっている。

芝居の最後で、戦いに勝利した孫悟空が、キラキラ光る如意棒を猛スピードで振り回す場面、このときの如意棒もじつは「戦えない如意棒」。「電鍍棍」といって、弾力性のない棒にメッキ加工を施してある。回すと照明の反射で、眩しいほど光る。しかし、假棍にせよ、電鍍棍にせよ、道具までに細かく気を配って、工夫して、孫悟空の神力を舞台で見事に発揮できるよう、考え出されたものであることに間違いない。

三、読んではいけない四大名著 !?

中国では、『四大名著』と呼ばれる【三国志】【水滸傳】【西遊記】【紅楼夢】の古典小説がある。

四作品とも京劇にもなっている。例えば【三国志】は、『空城計』などの演目がある。【水滸傳】は、『野猪林』などの芝居がある。【西遊記】は、『孫悟空三打白骨精』などの芝居がある。【紅楼夢】は、『紅楼二尤』などの芝居がある。そのうち、【三国志】、【水滸傳】については、次のような言い方がある。

コラム　孫悟空と三国志の裏話

「老不看三国、少不看水滸」(ラオブゥカンサングゥオ　シャオブゥカンシュイホゥ)——年を取った人たちは三国志を読まないほうがいい、青年や若者たちは水滸傳を読まないほうがいいという意味。その心は、年配の人が「三国志」を読めば読むほど、余計な知識や知恵が付いて、やや強い言い方をすれば、ずる賢くなるかも知れないから。一方、若者が「水滸傳」を読めば読むほど気性が荒くなり、社会不安が増える恐れがあるから。この一点を見ても、中国人の生活の中に古典小説がどれほど浸透しているか、人々に愛されているか、おわかりになるだろう。

四、関羽の黒子

　【三国志】の関羽(グワンユイ)はファンの多い登場人物だが、京劇役者も特別な存在として、「関老爺」と呼んで神様のように尊敬している。京劇舞台の関羽は、顔を赤くして「整臉」(ヂョンリエン)という隈取でメイクして(これを「無双臉」(ウゥシュアン)ともいう)、鼻の右側に黒子を描く。ところが、歴史上の関羽の顔はこれとは違う。

　『三国志演義』に残された関羽は、身長九尺(約二百十六センチメートル)、髭長二尺(約四十八センチメートル)の堂々とした体躯に、棗紅臉(熟した棗の色の顔)に卧蚕眉(ウォツァンメイ)(蚕の形の眉)が描いてある。だが、黒子はない。実際にないものをなぜ、あえて描くかといえば、まるで神様のように敬意を抱く相手と、そっくり同じにするのは役者として恐れが多いこと。「私は本当の関羽ではありませんよ、本物の関羽にはとても及びませんよ」という謙遜の気持ちを、黒子で示している。この習慣は現在まで伝わっている。

第六章　京劇用語日常生活篇

上 場（上场 shàngchǎng）_{シャァンチャァン}：
登場、出場。

下 場（下场 xiàchǎng）_{シアチャァン}：
退場、結末、末路。

怯 場（怯场 quèchǎng）_{チュエチャァン}：
気後れする、上がる。

開 場 白（开场白 kāichǎngbái）_{カイチャァンバイ}：
前口上、前置き。

丑 角（丑角 chǒujué）_{チョウジュエ}：
道化役、ピエロ。

假 面 具（假面具 jiǎmiànjù）_{ジアミエンジュイ}：
仮面、お面、マスク。

唱 対 台 戯（唱对台戏 chàngduìtáixì）_{チャァンドゥイタイシィ}：
向こうを張る。

拿 手 好 戯（拿手好戏 náshǒu hǎoxì）_{ナァショウハオシィ}：
十八番、おはこ、お手のもの。

唱 高 調（唱高调 chànggāodiào）_{チャァンガオディアオ}：
偉そうに大げさなことをいう。

装 腔 作 勢（装腔作势 zhuāngqiāng zuòshì）_{ヂュアンチアンヅゥオシー}：
もったいを付けて、仰仰しいことをする。

第六章　京劇用語日常生活篇

南腔北調（南腔北调 nánqiāng běidiào）：
曲の多さ。音痴、なまりがある。

吹胡子瞪眼（吹胡子瞪眼 chuīhúzidèngyǎn）：
髯を吹く。目を剥く。口喧嘩の様子。

叫好兒（叫好儿 jiàohǎor）：
喝采。観客は「好」という掛け声を叫ぶからだ。

見好就收（见好就收 jiànhǎojiùshōu）：
拍手が送られたら、好い所でやめておく。欲張りをしない。ぼろが出ないうちにやめる。

有板有眼（有板有眼 yǒubǎn yǒuyǎn）：
言動に的確である。

逢場作戯（逢场作戏 féngchǎng zuòxì）：
気まぐれな遊びや悪戯。その場のお茶を濁す、興に乗り、一時の慰みものにする。

大打出手（大打出手 dàdǎchūshǒu）：
殴り込みをかける。

跑龍套（跑龙套 pǎolóngtào）：
主役ではない。盛り立て役。脇役。

科班出身（科班出身 kēbānchūshēn）：
正式の訓練を受けた人。

芸高人胆大（艺高人胆大 yìgāorén dǎndà）：
腕があれば大胆になれること。

コラム
二十一世紀の京劇の現状

　二十世紀八十年代、中国では、改革開放政策を実施した。各分野に活気を生み、激動の変化を与えたのだ。演劇界も例外ではない。劇団が活性化を得て、今まで無かった名前も見られた。「××演芸集団」「××芸術中心」など、この名前の裏に経済の動向、画策などが窺える。経済は、各領域の基礎だ。経済の発展は、演劇界に大きな役割を果たした。例えば舞台上にお金が掛かる衣装、絨毯、幕なども大きな変化が見られ、綺麗になった。経済だけではなく、政府の支持も欠かせないことだ。先ずは、一九七六年の文化大革命終結にあたって、それまで禁止されていた伝統劇を解禁した。京劇のファンとしては、待ち望んでいる最高の喜びだ。演劇の歴史が動いた瞬間に筆者も現場にいたため、あの盛況を昨日のように鮮明に覚えているのだ。一九七七年秋のある日、最も早く上演された新編歴史京劇『逼　上　梁山』（ビィシャンリアンサン）は、北京京劇院により沈宝禎（バオチェン　チェン）氏主演の水滸傳の演目だ。北京中山公園にある音楽堂劇場で、切望した客は、立ち見も出るほど席を爆満にした。主役の林冲が登場すると話が聞こえない位の拍手が沸いた。この拍手は、役者たちへのご褒美でもあり、演劇界の新時代の到来を迎えになった拍手でもあろうか。一九七九年までの三年間に北京で上演された伝統劇は二百演目以上に達したのだ。また、中国文化部が一九九五年から主催した「中国京劇祭」にも価値があることだ。三年に一度の中国京劇祭は、国内で最も規模が大きく、レベルが高い祭りだ。国の発展、民族の振興に精神文化の強い支えとして寄与するものだ。二〇一四年十一月に開かれた第七回祭りに、更に演劇をレベルアップ

や研究するために賞を設けずに専門家のグループを立ち上げたのだ。三十四ステージのうち、半分以上の新編歴史劇が目立った。同じ年の五月に第四回「全国地方劇優秀演目展示上演」も実施した。他に経典京劇映画工程など、様々な形式、色々な手段を通して、演劇を振興し、数多くの新しい演目が生まれたのだ。役者の養成にも嬉しい変化があった。中国演劇は、役者を中心に画策、制作する部分が多い芸術だ。歴史から見ても名優の存在は、観客を引き寄せる大きな理由である。「今天晩上去看馬連良」(今夜馬連良さんを見に行く)とファンたちが言ったように劇より誰が主演かの方が重要だ。一人の名優は、一つの芝居を左右させるほどの力を持つのだ。入場率も切符の価格も影響する。「台柱子」(タイヂュウヅ)(舞台の柱、劇団の主役)を育てることに力を入れている。役者を養成する代表的な中国戯曲学院では、一九九六年に「京劇優秀青年俳優研究クラス」(学制三年)を設立した。このクラスは、初めから役者を育て上げるのではなく、全国の劇団から選抜された将来性があり、優秀な若手たちを集め、演技、理論、文化、教養など深く研究して、精緻の域にまで達する目的だ。多方面のレベルを高め、二十一世紀の京劇の人材を育てたのだ。今まで二十年間で六クラス二百二十九人(内二十八人地方劇役者)の卒業生で、中国全土四五の芸術団体に分布し、現在、最前線で活躍している。京劇芸術の人材養成に大きな貢献をした。二〇一〇年に京劇流派を受け継ぐ後継者を育てるため、「京劇流派芸術研究クラス」も設立した。マスメディアの参入も役者、劇団、演劇に極めて良いプラットホームを提供してくれた。中央テレビ局の第十一チャンネルは、演劇専門チャンネルで、演劇知識や歌を教え、現場の中継及び様々なイベントなど、演劇普及に先進技術を利用して、大きな役割を果たした。二〇一五年中国国務院の発起で「多劇種百台精品大

戯薈萃展示放送」(二十六の地方劇を含む)を行った。国慶節の十月一日から新年に向かって、一日一ステージを中継にして滅多に見られない地方劇も見られ、良好な環境を作り出した。改革開放の実施と共に海外の文化、娯楽も入ってきて芸術多元化の現象となった。新しさと伝統、国内と国外の比較ができたことで、中国娯楽界に影響を与えたがその一方、自国文化への関心も喚起したのだ。外来文化は、伝統、古典が好きな人にとって、それ程惹かれなかったようだ。京劇のファンたちは、京劇が好きだということで、それを自ら誇りに思っているわけだ。今、劇場に行った人たちは、文化大革命時代と違う。当時は、会社の日程、学校の課程、或いは仕事で行っている。現在のお客さんは、自分でお金を払って見に行き、京劇が好きで、情熱、期待感を持ち、その中に京劇通の方も大勢いる。若者たちは、京劇と離れているが、古典劇、歴史劇の観客が育つ必要がある。将来、若者たちが伝統文化に興味を持つように、中国教育部は、二〇〇八年から北京、天津、上海、江蘇など十都市に、高校（高中）、小学校（小）の音楽の授業に京劇の内容を取り入れる試みを行った。北京市内だけで、高校、小学校二十校に十五作の演目を教えることになった。これで、今後の若い観衆層の増加を期待し、伝統、古典を守ることにも有意義な対策となるだろう。演劇を上演する場所にも変化が見られる。京劇発祥の地である北京では、古い劇場を建て替えしたり、廃止したりして四十年前と比べ観劇環境が大きく変った。京劇を上演する専門劇場は、前門飯店の一階にある梨園劇場、梅蘭芳大劇院、国家大劇院、新しく建て替えられた長安大戯院、湖広会館などがある。北京なら毎晩どこかで京劇を見られるのだ。天津、上海、武漢、大連などにも専用劇場がある。このように演目、役者、観客、劇場という演劇を構成する四つの要素の視点から中国演劇の

現状を見てきた。一九七六年に伝統劇が回復してから、この四つの条件とも良い方向へ向かい、歩んできたのだ。中国演劇は、悠久の歴史、独特な演技の魅力、熱心で堅実な観客層を持ち、中国伝統文化の表現、伝播に重要な位置で、今でも元気に中国人の生活の中に存在する。中国人にとって、無ければならない精神的食料の一つだ。娯楽、芸術多元化の今日では、中国演劇はモダンでもなく流行りでもないがたえず創新をして、邁進してきた。今まで各時代の政治的背景、経済の変遷、社会環境などは、京劇に大きく影響を与えたが、何度もの盛衰を経た現在、楽観的な要素が多く中、調和が取れ、安定した社会環境及び経済発展を追求する時代背景の中では、さぞ根深く伸びていくだろう。今後とも大きな社会変化が起きなければ、中国演劇は一つの安定期に入ったと言えよう。二〇〇一年に崑劇、二〇一〇年に京劇もユネスコ世界無形文化遺産に登録され、それに従って、海外の舞台でも毎年中国演劇の姿を見られるようになった。日本、アジアの国だけではなく、ヨーロッパ各国にも、国境を越えて中国の伝統文化、東方芸術を世界の人々に届けているのである。

第七章　京劇慣用句及び諺篇

口伝心授、言伝身教（口传心授、言传身教 kǒuchuán xīnshòu, yánchuán shēnjiào）：
言葉で伝え、心、身体を使って、教えること。ほとんどテキストを使わない京劇授業の教授法である。

開蒙戯（开蒙戏 kāiméngxì）：
最初に覚えた芝居。

安眼賊（安眼贼 ānyǎnzéi）：
悪戯っ子のことをいう。

説戯（说戏 shuōxì）：
演技を教える。

対戯（对戏 duìxì）：
演技を確認する。Duìr xì と発音したら、二人の芝居となる。

下地児（下地儿 xiàdìr）：
唱、台詞を覚えて、これから動きを始めること。

串排（串排 chuànpái）：
芝居の最初から最後まで、通し稽古。

響排（响排 xiǎngpái）：
楽隊が入っている稽古。

彩排（彩排 cǎipái）：
リハーサル

把場（把场 bǎchǎng）：
生徒の初舞台または初めての演目の上演に、先生が付き添うこと。

第七章　京劇慣用句及び諺篇

角児坯子（角儿坯子 juérpīzi）:
<ruby>ジュエルピィズ</ruby>

将来性があり、見通しがある子供のことをいう。

厳師出高徒（严师出高徒 yánshīchūgāotú）:
<ruby>イエンシーチュウガオトゥ</ruby>

厳しい教えがあればこそ、良い生徒が育つ。

一響遮百丑（一响遮百丑 yìxiǎngzhēbǎichǒu）:
<ruby>イィシアンヂョアバイチョウ</ruby>

良い声の持ち主は、唱の弱点を隠すことができる。

戯要三分生（戏要三分生 xìyàosānfēnshēng）:
<ruby>シィヤオサンフェンション</ruby>

慣れている芝居ほどミスが出やすいので、初心を忘れず、常に新鮮な気持ちで、取り込まなければならない。

疼長酸抽麻不練（疼长酸抽麻不练 téngzhǎngsuānchoumā búliàn）:
<ruby>テゥンヂャアンスワンチョウマァブゥリエン</ruby>

練習の後、筋肉や筋が痛んだら（疼長）伸ばすこと。だるくなったら（酸抽）筋が戻すこと。身体のどこかに痺れが出たら（麻）練習を止めること。

山東胳膊直隷腿（山东胳膊直隶腿 shāndōnggēbo zhílìtuǐ）:
<ruby>シャンドォングゥボォヂーリィトゥイ</ruby>

上半身、下半身のバランスが良くないことをいう。（昔、現在の河北省のことを直隷という。）

練私功（练私功 liànsīgōng）:
<ruby>リエンスーゴォン</ruby>

授業以外に自分でこっそり稽古すること。

千斤話白四両唱（千斤话白四两唱 qiānjīnhuàbáisì liǎngchàng）:
<ruby>チエンジンホワバイスーリアンチャァン</ruby>

台詞は、唱に比べ、リズムが豊かでないぶん、リズム感を持って、言わなければならない難しさを言う。千斤（非常に重い）、四両（とても軽い）の重さで、台詞の重要さを表している。

三年胳膊五年腿、十年練不好一張嘴 (三年胳膊五年腿、十年练不好一张嘴 sānnián gēbo wǔniántuǐ、shínián liànbùhǎo yīzhāngzuǐ)：

身体の訓練が、三年、五年で出来るかもしれないが、唱や台詞の練習は、十年かけたとしても、上手く歌えないかもしれない。唱、台詞の難しさをいう。

飽吹餓唱 (饱吹饿唱 bǎochuī'èchàng)：

吹は楽隊のことで、唱は役者。楽隊は、気力溢れるように本番前にお腹いっぱい食べた方が良い。役者は、本番前に食べ過ぎると演技に影響が出るので、食事を控えめにした方が良い。

冬練三九、夏練三伏 (冬练三九、夏练三伏 dōngliànsānjiǔ, xiàliànsānfú)：

稽古は、季節、気温、気候などと関係なく、最も寒いとき（三九）でも、最も熱いとき（三伏）でも、なおさら練習すべきである。

拳不離手、曲不離口 (拳不离手、曲不离口 quánbùlíshǒu, qǔbùlíkǒu)：

練習することを習慣にして、常に練習すること。

芸不圧身 (艺不压身 yìbùyāshēn)：

専門以外のことも勉強して、自身の技、芸を充実させよ。どんなに沢山の芸や技を持っていても、多すぎることはない。

唱戲的是瘋子、聽戲的是傻子 (唱戏的是疯子、听戏的是傻子 chàngxìdeshìfēngzi、tīngxìdeshìshǎzi)：

役者たちは人物に成りきっているので、狂人のように演技をしている、観客はげらげら笑うだけだ。（踊る阿呆に見る阿呆。）

夯児 (夯儿 hāngr)：

役者の声、喉のこと。『吭児』ともいう。

第七章　京劇慣用句及び諺篇

台風児_{タイフォンル}（台风儿 táifēngr）：
演技上の風格。

亮相_{リアンシアン}（亮相 liàngxiàng）：
見得を切る。

範児_{ファンル}（范儿 fànr）：
演技に関する要領、技術、コツ、或いは方法。

起範児_{チィファンル}（起范儿 qǐfànr）：
歌や立ち回りなどを始めようとする寸前。

恍範児_{ホアンファンル}（恍范儿 huǎngfànr）：
歌や立ち回りなどの最中に、迷ったり、間違うこと。

捋葉子_{ルゥオイエヅ}（捋叶子 luǒyèzi）：
他人の演技の技、特技、良いところを自分のものにすること。字面の意味では、お金を集めること。

拿賊_{ナァヅェイ}（拿贼 názéi）：
演技に対して自信がなく、どうすれば良いのか分らない状態。

黒場子_{ヘイチャンヅ}（黑场子 hēichǎngzi）：
拿賊と同じ意味。演技に対して、自信がなく、よく分らないこと。

台上無閑人_{タイシャンウゥシエンロェン}（台上无闲人 táishàngwúxiánrén）：
全ての登場する人は、人物にならなければならないこと。

洒狗血_{サアゴウシュエ}（洒狗血 sǎgǒuxuě）：
拍手を求めて、芝居の内容を離れて、過激な演技をすること。

扳下来_{バンシアライ}（扳下来 bānxiàlai）：
リズムに乗っている歌をゆっくり目にすること。

催上去_{ツゥイシャンチュイ}（催上去 cuīshàngqu）：
ゆっくりしたリズムを元に戻すこと。

127

第七章　京劇慣用句及び諺篇

偸戯（偷戏 tōuxì）：
人に知られないように、こっそり芝居を見て、覚えること。

笑場（笑场 xiàochǎng）：
本番中に劇と無関係に笑うこと。『噴了』ともいう。

誤場（误场 wùchǎng）：
時間通りに劇場に到着していない、または、出番に遅れること。

冒場（冒场 màochǎng）：
登場が早かったこと。

温（温 wēn）：
演技が物足りないこと。

火（火 huǒ）：
温の反対語で、少しやりすぎたこと。

鉚上（铆上 mǎoshang）：
芝居に頑張ること。演技に全力を尽くすこと。

搩頭（搩头 tiàntóu）：
①本番が終わって、被り物を外すこと。②本番中にミスや事故で被り物を落とすこと。

北京学戯、天津唱紅、上海挣銭（北京学戏、天津唱红、上海挣钱 Běijīngxuéxì、Tiānjīn chànghóng、Shànghǎi zhèngqián）：
北京は京劇の発祥地であり、正統派と言われたので習うなら北京で習おう。天津は、昔から説唱芸術の発達していた場所で、曲芸、漫才など数多くの芸能が見られる。それだけに演者に対しての評価も厳しい。この気の抜けない天津で鍛えたら、人気も得て、観客に認められたのだ。上海挣銭は、上海は国際都市であり、ビジネスチャンスに溢れた場所である。

第七章　京劇慣用句及び諺篇

生丑言公（生丑言公 shēngchǒu yángōng）：
楽屋で演技に関する問題が生じた際、生行と丑行の役者が解決すること。生行の役者は落ち着いていて、丑行の役者は愉快なので、緊張を解き、場を和ませる。

戯包袱（戏包袱 xìbāofu）：
戯曲に関する知識が豊富で、芝居をよく知る人。『戯簍子』ともいう。

一棵菜児（一棵菜儿 yìkēcàir）：
主役でも、脇役でも、スタッフ全員で、芝居のために努力すること。

唱死昭君、累死王龍、翻死馬童（唱死昭君、累死王龙、翻死马童 chàngsǐzhāojūn、lèisǐwánglóng、fānsǐmǎtóng）：
『昭君出塞』では、登場人物の三人ともに見せ場が多く、死ぬほど歌を歌っているのが王昭君、死ぬほど動きをしなければならないのが王龍、死ぬほどとんぼ返りをするのが馬童であること。似たような言葉に『大鬧天宮』の「唱死天王累死猴」がある。

男怕夜奔、女怕思凡（男怕夜奔、女怕思凡 nánpàyèbèn、nǔpàsīfán）：
『夜奔』『思凡』は演目の名前で、両方とも一人芝居で、難易度が高いことをいう。中国語の「怕」とは、怖がる、恐れるのことだ。

単刀看手、双刀看肘（单刀看手、双刀看肘 dāndāo kànshǒu、shuāngdāo kànzhǒu）：
刀を使う場合、注意すること。一本の刀を使う場合は、左手の動きに気を付けなければならない、二本の刀を使う場合は、両手の肘に注意すべきである。

人不親芸親（人不亲艺亲 rénbùqīnyìqīn）：
役者同士、馬が合わない相手であっても、仕事に影響することは許されない。

129

第七章　京劇慣用句及び諺篇

戯徳（戏德 xìdé）:
役者は、お互いに助け合う、誰かはミスにしても、全力で補う、救う、挽回すること。芸術に対した「職業道徳」。

是騾子是馬拉出来遛遛（是骡子是马拉出来遛遛 shìluózishìmǎ lāchulailiùliù）:
舞台こそ役者を識別する最も良い試金石。

後台如綿羊、上台如猛虎（后台如绵羊、上台如猛虎 hòutái rú miányáng、shàngtāi rú měnghǔ）:
良い役者が本番前の様子。良い役者とは楽屋にいるときは、役作りを考え、体力を温存し、羊のように静かだが、舞台に出ると虎のように活躍する。

救場如救火（救场如救火 jiù chǎng rú jiù huǒ）:
本番に対して、想定外のことが起こった場合は、火事を消火するのと同じように、最優先に対応し、処理すること。

三年出個好状元、十年未必出個好唱戯的（三年出个好状元、十年末必出个好唱戏的 sānnián chūge hǎo zhuàngyuan、shínián wèibì chūge hǎo chàngxìde）:
三年に一度の科挙で、一人のトップが選ばれるのに、十年の訓練を経ても、一人の良い役者を育てることは出来ないかもしれない。

芸無止境（艺无止境 yìwúzhǐjìng）:
芸術には頂点がない。芸術に対して満足してはいけないこと。

十旦易找、一净難求（十旦易找、一净难求 shídànyìzhǎo、yíjìngnánqiú）:
京劇の浄役は、声の条件として高さ、広さ、明るさ、厚みが必要である。浄役は、難しい役なので、旦役に比べて、簡単に出てこないこと。

第七章　京劇慣用句及び諺篇

十浄九裘（十浄九裘 shíjìng jiǔqiú）：
名優裘盛戎が創始した「裘派」が隈取役の中で最も人気があって、殆どの隈取役はこの流派に入ること。

一天不練自己知道、両天不練師父知道、三天不練観衆知道（一天不练自己知道、两天不练师父知道、三天不练观众知道 yìtiān bú liàn zìjǐ zhīdao、liǎngtiān bú liàn shīfu zhīdao、sāntiān bú liàn guānzhòng zhīdao）：
一日稽古を休めば自分で分り、二日休めば先生、同業者同士に分り、三日休めば、観客に分る。毎日、稽古を怠ってはならないこと。

熱不死的花臉、凍不死的花旦（热不死的花脸、冻不死的花旦 rèbùsǐdehuāliǎn、dòngbùsǐde huādàn）：
花臉は隈取役のこと。隈取役者たちは、どんなに暑い日でも、衣装の下に身体を大きく見せるための綿入れ（胖襖）を着る。青衣役の役者たちは、どんなに寒い日でも、いつも薄着を通している。隈取の役者は、熱さに強い、青衣の役者は、寒さに強いこと。

不管是襃是貶、都是捧角兒（不管是襃是贬、都是捧角儿 bùguǎnshìbāoshìbiǎn、dōushìpěngjuér）：
観客からの反応は褒めてあれ、ぼろくそにけなすであれ、イコール応援してくれているという。

認認真真演戯、老老實實做人（认认真真演戏、老老实实做人 rènrènzhēnzhēnyǎnxì、lǎolǎoshíshízuòrén）：
真面目に演技をして、正直な人に成れ。

唐三千、宋八百、唱不完的東周列国（唐三千、宋八百、唱不完的东周列国 tángsānqiān、sòngbābǎi、chàngbuwánde dōngzhōu lièguó）：
演目の多さを言う。唐の時代を背景とした演目は三千以上があり、宋の時代を背景とした演目は八百余りがあり、東周列国を背景とした演目は演じきれないほどの演目数がある。

戯飽人 (戏饱人 xìbǎorén)：
<ruby>シィバオロェン</ruby>

演目の良さを言う。魅力的な物語で、観客を満足させる。「人飽人」の言い方もある。つまり、名優の魅力的な演技で観客を満足させる。

黄金有価芸無価 (黄金有价艺无价 huángjīn yǒujià yì wújià)：
<ruby>ホアンジンヨウジアイィウゥジア</ruby>

芸術の価値と金銭を同一視してはならない。

百日笛、千日簫、一把胡琴拉断腰 (百日笛、千日萧、一把胡琴拉断腰 bǎirìdí、qiānrìxiāo、yìbǎhúqin lāduànyāo)：

笛の練習は、少なくとも三か月以上掛かる。簫の練習は少なくとも三年以上掛かる。京胡の練習は、座ってするが、腰が折れるまで練習しなければならない。京胡の習得の難しさをいう。

三分唱、七分打 (三分唱、七分打 sānfēnchàng、qīfēndǎ)：

唱は、役者の演技で、打は、楽隊の伴奏。舞台が完成するには、役者の演技より伴奏も重要なことをいう。

折子戯 (折子戏 zhézixì)：

一つの芝居の中で、見せ場が多い、完成度が高い一幕を取り出して上演する。歌舞伎の「見取り式上演」。

冒児戯 (冒儿戏 màorxì)：

折子戯で上演する場合の最初の演目。

圧軸戯 (压轴戏 yāzhòuxì)：

折子戯で上演する場合の後ろから二番目の演目。

大軸戯 (大轴戏 dàzhòuxì)：

折子戯で上演する場合の最後の演目。

大戯 (大戏 dàxì)：

作品の初めから最後まで通しで上演する芝居。

第七章　京劇慣用句及び諺篇

小戯（小戏 xiǎoxì）:
一幕もの。大戯より時間的に短い。『単出戯』ともいう。

打炮戯（打炮戏 dǎpàoxì）:
巡回公演で、初めて上演される演目。

義務戯（义务戏 yìwùxì）:
チャリティ公演。無報酬の公演。

老爺戯（老爷戏 lǎoyexì）:
関羽という人物が主役となる演目。

封箱戯（封箱戏 fēngxiāngxì）:
年末の最後の公演。

応節戯（应节戏 yìngjiéxì）:
季節に合わせた演目。例えば端午節に『白蛇伝』、七夕に『牛郎織女』、中秋節に『嫦娥奔月』を上演するなど。

回戯（回戏 huíxì）:
特別の事情で、上演できなくなること。キャンセル。

三白（三白 sānbái）:
人物の水袖、或いは小袖、護領、厚底靴の底を真っ白にすること。

官中（官中 guānzhōng）:
公共、公衆の意味。昔、主役の衣装などは、個人専用であった。これに対して、それ以外の共有の衣装などをいう。

私房（私房 sīfáng）:
官中に対して、個人専用のものをいう。

馬前（马前 mǎqián）:
芝居の進行、リズムを速めにすること。

<ruby>馬後<rt>マァホウ</rt></ruby>（马后 mǎhòu）：
芝居の進行、リズムを遅めにすること。

<ruby>海報<rt>ハイバオ</rt></ruby>（海报 hǎibào）：
ポスター。町に貼り出す広告。

<ruby>戯単<rt>シィダン</rt></ruby>（戏单 xìdān）：
紙一枚の当日の説明書き。現在のパンフレット。

<ruby>撒紅票<rt>サアホンピアオ</rt></ruby>（撒红票 sǎhóngpiào）：
招待券を配ること。

<ruby>碰頭好児<rt>ポントウハオル</rt></ruby>（碰头好儿 pèngtóuhǎor）：
役者が始めに登場するときの拍手。

<ruby>満堂好児<rt>マンタァンハオル</rt></ruby>（满堂好儿 mǎntánghǎor）：
劇場の隅から隅まで、万雷の拍手。観客全員の拍手。

<ruby>倒好<rt>ダオハオ</rt></ruby>（倒好 dàohǎo）：
ヤジを飛ばすこと。

<ruby>掉涼水盆児里了<rt>ディアオリアンシュイペンルリィラ</rt></ruby>（掉凉水盆儿里了 diàoliángshuǐpénrlǐle）：
一所懸命に芝居をしているにも拘らず、観客からの反応がないこと。

<ruby>抽簽児<rt>チョウチエンル</rt></ruby>（抽签儿 chōuqiānr）：
芝居の途中にも拘らず、お客さんが席を立って、帰ること。

<ruby>票友<rt>ピアオヨウ</rt></ruby>（票友 piàoyǒu）：
自ら歌ったり、演技をしたりするアマチュア。演劇愛好家。

<ruby>票房<rt>ピアオファァン</rt></ruby>（票房 piàofáng）：
①演劇のアマチュアの組織。②劇場の切符売り場。

<ruby>下海<rt>シアハイ</rt></ruby>（下海 xiàhǎi）：
票友からプロになること。

第七章　京劇慣用句及び諺篇

内行看門道、外行看熱鬧（内行看门道、外行看热闹 nèiháng kànméndào、wàihángkànrènao）：
素人と専門家の目の付けところは違うこと。

舞台小天地、天地大舞台（舞台小天地、天地大舞台 wǔtái xiǎotiāndì、tiāndì dàwǔtái）：
舞台は、社会の小さな縮図。様々な人物が表われる。人間社会は、大きな舞台となり、芸術の源でもある。

第八章　演目篇

『空城計』
<ruby>空城計<rt>コォンチョンシィ</rt></ruby>

三国時代、蜀と魏の国が戦っていた。蜀の諸葛孔明は要地、街亭の守備に信頼する将軍馬謖を当たらせるが、馬謖は諸葛孔明の指示を無視して独断で山頂に陣を張り、結局街亭を失ってしまう。それを聞いた諸葛孔明は驚く。その上、西城城内には全く兵力がなく、孤立無援となってしまう。そこへ魏の司馬懿が勝ちに乗じて西城を奪いに押し寄せてくるので、諸葛孔明は空城の計を案じる。わざと東南西北の門を開け放し、一人で城門に腰かけて、酒を飲んだり、琴を弾いたり。城まで来た司馬懿はそれを見て、伏兵ありと疑い、西城を離れて再び待機する。その結果、確かに空城だと知り攻撃しようとした時には蜀漢の趙雲がすでに援軍を連れて戻り、司馬懿は罠にかかったかと、慌てて逃げてしまう。

見所：諸葛孔明の最大の危機の場面を描いている。主役の唱、念、做には高度なテクニックを伴った演技が求められ、観客の前には、危険に直面しても恐れを知らない諸葛孔明の姿が現れる。

『文昭関』

春秋戦国時代の物語。酒と色に溺れた楚の平王の下、国は荒廃していた。平王はそれを忠告した大臣の伍奢を殺し、家族も巻き添えにしたが、息子の伍員一人だけは難を逃げた。伍員は呉の国から兵を借り復讐しようとしたが、昭関まで逃げたところで、手配書に書かれた自分の人相書きを見て、これ以上逃げられないことを悟る。そして、隠者東皋公のところに匿われた。しかし、七日七夜隠れていても逃げる道が見つからず、苦悩で髪の毛が真っ白になってしまう。それを見た東皋公は喜んで、伍員に変装させ、伍員は人混みまぎれて呉に向かう。

見所：老生の最も熟練した芸を堪能するための芝居。人物の気持ちをうまく歌い上げるのは、容易なことではない。「一輪明月照窓前……」の二簧慢板はよく知られている。
                                                   イィリンミィンユエヂャオ
                                                   チュアンチエン

『武家坡』
ウゥジアポォ

十八年ぶりに軍隊から帰ってきた薛平貴は、武家坡と言うところで、妻の王宝釧と会った。彼は道を尋ねるふりをして彼女に声を掛けた。しかし、王宝釧は彼が本当に自分の夫かどうか確信が持てず、家へ帰ってしまった。薛平貴は後を追い、これまでの経緯や自分の名前を告げ、ようやく二人は互いに夫婦であることを認め合ったのだった。
シュエピィングゥイ
ワンバオチュワン

見所：主役の感情あふれる味わいのある歌や、青衣との掛け合いの歌も名曲である。

『群英会』
チュインイィンホゥイ

「三国演義」から取材した物語。呉の孫権と魏の曹操が赤壁で対戦する。呉と同盟関係にあった蜀の劉備は曹操の力を抑えるために自国の諸葛孔明を参謀として呉の陣営に派遣した。曹操は、孫権に降伏を勧告しようと、蒋幹を呉の陣営に遣わすが、呉の水軍の将軍周瑜は蒋幹を謀って偽の曹操水軍の降伏書を盗ませたので、曹操は誤って自分の水軍将軍の蔡瑁、張允を殺してしまう。一方策士周瑜は諸葛孔明を、短期間に大量の矢を集めなければならない破目に陥らせる。しかし、諸葛孔明は深い霧を利用して曹操を計略に掛け、諸葛孔明の船に向かって無数の矢を射かけさせ、難なく矢を集めて見せるのだった。周瑜はまた、苦肉の策で、黄蓋に曹操へ投降するふりをさせる。この戦いの結果は、曹操軍の大敗に終わった。
スンチェン
ツァオツァオ
リゥベイ
ジアンガン
デュウユイ
ツァイマオ
チャンユイン
ホワンガイ

見所：典型的な知恵比べの芝居。個性の強い人物に演者の技量が試される。ほとんどの役にそれぞれ見せ場がある。

第八章　演目篇

『宇宙鋒』(ユィヂョウフォン)
秦の時代の物語。題名が剣の名に由来しているので『一口剣』(イィコウジエン)ともいう。秦の二世胡亥は、大臣の匡洪(クアンホォン)に宇宙鋒という宝剣を与えた。当時権勢をほしいままにしていた寵臣趙高は自分の娘趙艶容(ヂャオイエンロォン)を匡洪の息子匡扶(クアンフゥ)に嫁がせるが、匡家は趙高になびこうとしなかった。趙はそれを恨み、人をやって、宇宙鋒を盗ませ、胡亥を殺して、その罪を匡洪に着せようと企てる。匡家の者は全員獄に繋がれたが、匡扶だけは妻趙艶容の手引きによって、逃げのびて行った。その後、趙艶容は父の家に引き取られて暮らしていたが、ある日、胡亥が訪れる。彼は趙艶容の美貌に魅せられ、自分の妃にしようとし、娘を連れて参内するようにと趙高に命じた。貞淑な趙艶容は一つの計略を思いつき、翌日参内した宮廷で狂気を装い、胡亥から操を守ることに成功した。その後「貞女の鑑」と言われた。

見所：芝居の後半「金殿装瘋」(ジンディエンデュアンフォン)（金殿で狂気を装う）の場面では趙艶容の内面世界が心に染み入るように描かれている。演技力も求められる。

『二進宮』(アルジィンゴォン)
明の皇后李艶妃(リィイエンフェイ)は皇帝の死後、子供がまだ幼かったので、自ら政権を握ることになった。皇后李艶妃の父李良(リィリアン)は、権力を奪おうと企んでいた。皇后の忠臣徐延昭(シュイイエンヂャオ)、楊波(ヤンボォ)は李良の企みを皇后に知らせるが、李艶妃は聞き入れない。李良が、皇后の住居昭陽院を封鎖し、外界とのつながりを断つに及んで、やっと、自分の父が王位を争おうとしているのだと判る。徐延昭、楊波は、再び宮殿に入り、ようやく国政を任されたのであった。

見所：伝統劇では、極めて少ない、三人の輪唱のような歌の掛け合いが、青衣（李艶妃）老生（楊波）正浄（徐延昭）によって行われる。何よりの見所。

第八章　演目篇

『秋江(チウジアン)』
尼僧の陳妙常(チェンミアオチャアン)は、恋人の潘必正(パンビィヂョン)が旅立ったことを知り、急いで船の渡し場に来るが、船は出た後だった。年老いた船頭に船で追いかけるように頼むが、船頭はわざとのんびり構えて、陳妙常をからかい、じらす。しかし、最後には見事な櫂さばきで、陳妙常の恋人が乗った船に追いついてくれるのだった。

見所：役者二人と櫂一本だけで、船に乗るところから荒れ狂う波まで目に見えるように演じられる。観客自身が船に乗っているような気分になる。海外でも高い評価を得ている。

『秦香蓮(チンシアンリエン)』
宋の時代の物語。秦香蓮は三年間も連絡がない夫、陳士美(チェンシーメイ)を尋ねて、二人の子供とともに入京した。皇女の夫となっている陳士美は会うのを拒否し、妻子を宮廷から追い出してしまう。それを聞いた丞相王延齢(ワァンイエンリン)は彼女を憐れみ、陳士美の誕生日祝いに、町の琵琶弾きに姿をかえた秦香蓮を連れて陳士美の邸に行く。しかし、いささかも心を動かされない陳士美は再び秦香蓮親子を追い払ったばかりか、このままでは自分の地位が危なくなると思い、韓琪(ハンチイ)に命じて三人を殺せと刀を与える。秦香蓮の話から真相を知った韓琪は、逆に彼女たちを逃がして自殺した。秦香蓮は韓琪が自害に使った刀を証拠として、名判官、包拯(バオヂョン)に訴える。包拯はあらゆる手を使って、言い逃れる陳士美を、ついに法の名の下に死刑に処した。

見所：秦香蓮の悲しい歌や韓琪の自殺の感動的な場面、後半の包拯が正義を守る場面など、その心情を表し、観客を引き込まずにはおかない歌がそろっている。

『覇王別姫(バァワンビエジン)』
「西漢演義(シアンユィ)」に題材をとった物語。勇気はあるが知謀が足りない西楚覇王項羽は、漢の劉邦(リウバァン)との戦いの中、九里山で敗北を喫した。愛妃虞姫(ユイジイ)は項羽をやさしく出迎える。その後、四方に楚の歌を聞く

に及び、形勢がすっかり不利になったと思った項羽は虞姫と別れの杯を交わす。虞姫は剣舞を舞って項羽を慰め、自分が足手まといになることを恐れて、自ら命を絶つ。

見所：梅蘭芳(メイランファアン)の演じたもっとも代表的な作品。虞姫の歌と剣舞が見せ場になっている。虞姫の衣装は、この作品にしか使われない。

『貴妃醉酒(グゥイフェイヅゥイジウ)』
唐時代の物語。玄宗皇帝(シュエンヅォン)と楊貴妃(ヤングゥイフェイ)は、百花亭で花見をしながら酒を飲む約束をした。待ち続けていた楊貴妃は、皇帝が西宮の梅妃(メイフェイ)のところへ行ったと知り、憂い悲しんで一人で酒を飲み、深夜酔ったまま、寝宮へ戻った。

見所：楊貴妃の歌を通して、劇が展開するので、美しい歌と踊りが楽しめる。うれしくて歌い、悲しくて歌い、酔いながら歌い、と気持ちによって歌い方も変わる。梅蘭芳の得意な作品だった。

『拾玉鐲(ショァユィヂュオ)』
明の時代の物語。若い娘孫玉姣(スンユィジアオ)は、ニワトリに餌をやると、家の前でハンカチに刺繍を始める。そこへ若者傅朋(フゥワンポン)が通りかかり、互いに一目ぼれ。傅朋はわざと玉の腕輪を落として立ち去る。孫玉姣がニワトリを追うふりをしたり、ハンカチを拾うふりをしたりして、誰にもわからないように腕輪を拾うと、そこへ傅朋が戻ってきて、孫玉姣に腕輪を与えると再び立ち去る。この一部始終を隣の劉おばあさんに目撃されてしまった。劉おばあさんはあの手この手で孫玉姣の気持ちを聞き出し、からかいながらも二人の間をとりもってやろうと約束してくれるのだった。

見所：ニワトリに餌をやったり、刺繍をしたりする様子は、小道具なしで役者の演技だけで表すが、ニワトリの一羽一羽や針や糸まで観客の目に鮮やかに浮かび上がる。演技が中心の芝居なので、言葉がわからなくても楽しめる。恋は、全世界共通のもの。傅朋とのや

りとりや、劉おばあさんとのユーモラスなやりとりから、恋の恥じらいや、照れながらも相手の気持ちを早く知りたいと焦る様子などが、はっきりと伝わってくる。

『連昇店』
<ruby>連昇店<rt>リエンションディエン</rt></ruby>

秀才<ruby>王明芳<rt>ワァンミィンファァン</rt></ruby>は、科挙の試験を受けるために上京し、連昇店という店に泊まった。宿の主人は権勢や財力におもねる小人だったため、貧乏な王明芳を見ると、冷やかで皮肉たっぷりな言葉でからかったり、嘲ったり、あら捜しをした。しかし、翌日、王明芳が試験に合格したという通知を受け取ると、とたんに手の平を返したように態度が変わり、王明芳の機嫌をとったり、歓心を買ったりし始める。

見所：小生と文丑の芝居。対照のはっきりした例を上げて、観客を笑いの渦に巻き込みながら、社会を鋭く風刺している。

『蘇三起解』
<ruby>蘇三起解<rt>スゥサンチィジエ</rt></ruby>

明の時代の物語。名妓蘇三（玉堂春）は、高官の息子<ruby>王金龍<rt>ワァンジンルォン</rt></ruby>と知り合い、変らぬ愛を誓うが、金がなくなった王金龍は鴇母に女郎屋から出されてしまった。花売りの<ruby>金哥<rt>ジンガァ</rt></ruby>に、王金龍が関王廟にいることを聞いた蘇三は王金龍に会いに行き、お金を渡して、出世してから戻ってほしいと請う。鴇母は蘇三を山西省の商人<ruby>沈燕林<rt>チェンイエンリン</rt></ruby>に売る。沈の妻は浮気をするために夫沈燕林を毒殺し、県官に賄賂を贈ってその罪を蘇三になすりつけてしまった。洪洞県の監獄から、再審のために太原へ向かう蘇三を護送する役人の<ruby>崇公道<rt>チォンゴォンダオ</rt></ruby>は、蘇三の真相を聞き、彼女を慰めながら太原を目差すのだった。

見所：西皮流水板式の「<ruby>蘇三離了洪洞県<rt>スゥサンリィルァホォンドォンシエン</rt></ruby>……」という曲でよく知られ、流れるようなリズムが親しみやすく、すぐに耳になじむ名曲である。

第八章　演目篇

『天女散花』
<small>ティエンニュイサンホワ</small>

釈迦如来が蓮花宝座で説法をしていた時、維摩居士が毗耶離城で病気になったことを知り、文殊菩薩をはじめとする菩薩と弟子を見舞いに行かせる。さらに天女に散花するように命じた。天女は如来の命に従って、花籠を持って維摩の部屋に入り、彼の身体の上に花を散らして西方へ舞い戻って行くのだった。

見所：歌いながら踊るところが美しい。長い絹のリボンを使った舞は、梅蘭芳の創作による。

『紅娘』
<small>ホォンニアン</small>

「西廂記」に題材をとった唐時代の物語。洛陽の書生張珙<small>ヂャンゴン</small>は普救寺の西廂に泊まって科挙受験の勉強をしていた。軍閥の孫飛虎<small>スンフェイホウ</small>は兵士を率いて普救寺を包囲し、令嬢の崔鶯鶯<small>ツゥイインイン</small>を嫁にくれと強要する。崔夫人が孫飛虎を打ち負かす人がいたら娘を嫁にやると約束したため、張珙は友人に頼んで包囲を破る。しかし、崔夫人は張が貧乏なのを嫌って婚約を破棄する。崔鶯鶯と張珙は愛し合っていたため、紅娘に仲立ちを頼んで結婚しようとするが、それを聞きつけた崔夫人が紅娘のところにやってくる。紅娘に道理を説かれて、崔夫人は返答に詰まる。そこで紅娘は、結婚は、張珙の科挙合格後とするよう説得。張珙もその考えを受け入れ、崔鶯鶯と別れて科挙受験に向かうのだった。

見所：侍女身分の紅娘が正義を大胆に説く様子は、面白い歌や動き、さらに京白の台詞などで表現されているため、観客の笑いを誘う。荀<small>シュインパイ</small>派の代表的な演目。

『罷宴』
<small>バァイエン</small>

北宋時代の物語。幼い頃、父親を亡くした宰相冦準<small>コウヂュン</small>は、貧乏な家庭で育った。母親が針仕事をして冦準に勉強を続けさせたのだ。宰相になった後、何度目かの誕生日を迎えた冦準は富貴を自慢しようとして、家の中に宝物を並べ、飾り立てる。すると幼いころから彼

につき従ってきた劉おばあさんは情けなく思い、母親の苦労を聞かせると、冦準は胸を打たれて宴会を取り止めたのだった。

見所：宰相冦準への説得を老旦役の歌で表現しているため、老旦役は抜群の歌唱力を要求される。純粋な文劇である。

『岳母刺字』(ユエムゥツーヅ)
宋時代の物語。宋澤元帥(ソンツォ)が死んだ後、岳飛(ユエフェイ)は朝廷から派遣された杜允(ドゥユン)が気に入らず、勝手に戦場を離れて家に戻ってしまった。岳母(ユエムゥ)はその理由を聞き、情け容赦なく叱りつけた。そして、意志を貫くように岳飛の背中に「精忠報国」の字を入れ墨し、改めて岳飛を戦場へ戻すのだった。

見所：「精忠報国」の字を入れ墨しながら岳母が歌う歌は、愛国的な内容と感動的なメロディーなど、たいへん印象的である。

『三岔口』(サンチャアコウ)
「楊家将演義」から題材をとっている。北宋の時代、名将楊延昭(ヤンイエンヂャオ)の部下、将軍焦賛(ジアオヅァン)は、奸臣謝金吾(シエジンウゥ)を殺したため、沙門島へ流刑となる。悪人たちに命を狙われるのではないかと心配した楊延昭は、部下の任堂恵(レンダァンホゥイ)に命じて、密やかに焦賛と護送役人の後をつけさせた。焦賛と役人は三岔口で宿に泊まる。宿の主劉利華(リウリイホワ)夫婦は、宿泊している男が焦賛であることに気付き、助けようとする。そして、後をつけてきた任堂恵を刺客と勘違いし、宿の明かりが落ちた深夜、暗やみの中で二人の戦いが始まった。さんざん戦ったところに、救い出された焦賛も加わって、さらに乱闘となるが、やがて劉利華の妻がろうそくを持ってやってきて、やっと誤解に気づいたのだった。

見所：よく海外で上演されるので、多くの人に知られる演目。真っ暗やみの部屋の中で行われる、任堂恵（武生）と劉利華（武丑）の立ち回りがポイント。互いに相手の姿が見えないという設定で行わ

れる立ち回りは、武生の真に迫った緊張感やスリルと、武丑の笑いを誘うユーモアたっぷりのパントマイムとの対比がおもしろい名作。

『戦馬超』(ヂャオマァチャオ)
三国時代の物語。馬超(マァチャオ)は命令を受けて葭萌関に攻めてきて、劉備(リゥベイ)軍の張飛(ヂャンフェイ)と戦っている。両将軍は、昼間から深夜まで戦っているが、なかなか勝負がつかない。観戦した劉備は、この世にも珍しい将軍、馬超のことを好きになってしまい、双方をなだめて、馬超を自分の部下に加えた。

見所: 馬超(武生)と張飛(武浄)の見せ場が最も多い芝居で、役者としては、短打(普通の上下の衣装)での立ち回りにも長靠(旗を背負う鎧の衣装)での立ち回りにも、技量を持っていなければならない。前半の高い靴をはいて鎧を着たまま戦う場面では力強さ、美しさが、後半の短打の立ち回りでは激しく美しい動きが、それぞれ人の心を打ち、感動させる。

『打焦贊』(ダァジアオヅァン)
「楊家将演義」から題材をとった作品。楊家の小間使い楊排風(ヤンパイフォン)と将軍孟良(モンリアン)は、佘太君(ショアタイチュイン)と別れて三関へ行った。三関の将軍焦贊は、楊排風を軽く見ていたが、孟良がそそのかしたために、とうとう楊排風を相手に武芸の試合をすることになった。しかし、楊排風は、予想以上に強かったため、完敗したのだった。

見所: 地位のまったく違う二人の試合が意表を突くものになっている。よくある敵との戦いとは一味違っておもしろおかしく、ユーモアたっぷりだ。

主要参考文献

中国

張庚・郭漢城『中国戯曲通史』(中国戯劇出版社) 1992年4月
中国戯曲学院編『戯曲把子功』(文化芸術出版社) 1983年10月
李漢飛編『中国戯曲劇種手冊』(中国戯劇出版社) 1987年6月
本社編『京劇大観』(北京出版社) 1985年12月
曽白融主編『京劇劇目辞典』(中国戯劇出版社) 1989年6月
呉同賓・周亜勛主編『京劇知識詞典』(天津人民出版社) 1990年10月
余漢東編著『中国戯曲表演芸術辞典』(湖北辞書出版社) 1994年10月
呉同賓『京劇知識手冊』(天津教育出版社) 1995年10月
陳予一主編『経典京劇劇本全編』(国際文化出版公司) 1996年2月
上海文芸出版社『京劇曲譜集成』(上海文芸出版社) 1998年12月
蘇移『中国京劇劇諺選注』(中国戯劇出版社) 1999年1月
中国戯曲学院編・譚元杰絵『中国京劇服装図譜』(北京工芸美術出版社) 1999年2月
北京市芸術研究所・上海芸術研究所編『中国京劇史』(中国戯劇出版社) 1999年9月
中国戯曲学院附中・万凤姝・万如泉・楊凌雲・孔祥昌編著『京劇音楽百問　京昆曲牌百首』(中国戯劇出版社) 2000年11月
余漢東『中国戯曲表演芸術辞典』(国家出版社) 2001年10月
黄鈞・徐希博主編『京劇文化詞典』(漢語大詞典出版社) 2001年12月
余从・周育徳・金水『中国戯曲史略』(中国人民音楽出版社) 2003年9月
王定欧・杜建華・劉昌錦『川劇絶活』(中国四川出版集団、四川美術出版社) 2007年1月
鈕驃『中国戯曲史教程』(中国文化芸術出版社) 2004年8月
周暁孟・沈智主編『京劇常識』(万巻出版公司) 2009年7月
顧兆璋『戯曲翻技経』(中西書局) 2017年4月

日本

樋泉克夫『京劇と中国人』(新潮社) 1995年9月
加藤徹『京劇』(中央公論新社) 2001年12月
魯大鳴『京劇役者が語る京劇入門』(駿河台出版社) 2012年3月

後書き

　私は、本を書くことが得意ではありません。不可能に近いです。しかし、どうしても書きたいのです。何故、自分の目の前に硬い盾を立てたのでしょうか？　何回も自分に聞いたのです。私は、京劇が好きだ。そして、もっと多くの人に伝えたいのだ。という答えしか出ないのです。不可能のことから可能にするのにきっと意味があるはずです。その信念を持って、やってきたわけです。何より、京劇は私に文化自信を与えてくれたのです。「不憧就聞、不会就学」（解らなければ聞く、できなければ学ぶ）という京劇学校からの習慣は、今でも持っているのです。相手は子供であれ、学生であれ教えてくれれば誰にでも聞くのです。今回、出版にあたって、駿河台出版社の浅見忠仁さんを始め、校正してくれた波多野真矢先生、厳慶谷先生、数多くのイラストを描いてくれた中根圭代さん、写真撮影を協力してくれた劉妍さん、上野大介さん、たくさんの日本語を教えてくれた中根礼央さん、そして、中国にいる京劇の先生たちに大変お世話になり、この場を借りて深くお礼を申し上げます。ありがとうございました。

　中国語では「三十年河東、三十年河西」という景色が変る言葉があったように、来日三十年、日本の京劇事情が本当に変わりました。変わっていないのは、日本の観客、私が京劇に対した情熱だけです。京劇に自分の喜怒哀楽が含まれてあるのです。これから十年、二十年、まだ三十年と経って、中国でも日本でも京劇事情がきっと今よりもっと美しい景色に変わり、京劇自身も更に文明へ邁進することと信じております。

後書き

正是:
三十年河西戯中人、
三十年河東戯外客、
戯里戯外俱人生、
怎一个「戯」字了得?

まさに、この通り:
中国で役者生活を含め三十年、
日本で観客となり三十年、
どちらも人生なのだ、
「戯」一字で語り尽くせるか?

      2019年5月1日　　魯　大鳴

索　引

見出し語のピンイン（アルファベットによる漢字の発音表記）の順に並べています。

A

アイパンイエン 哀盼眼	哀盼眼	āipànyǎn	30
アイヅブゥ 矮子歩	矮子歩	ǎizibù	32
アンイエンヅェイ 安眼賊	安眼贼	ānyǎnzéi	124
アンチャン 按掌	按掌	ànzhǎng	28
アオ 襖	袄	ǎo	102
アオチュイ 拗錘	拗锤	àochuí	75

B

バァ 八	八	bā	73
バァダアツァァン 八大倉	八大仓	bādàcāng	74
バァヅブゥ 八字歩	八字歩	bāzibù	31
バァヅクワイィ 八字跨椅	八字跨椅	bāzikuàyǐ	110
バァチャン 把場	把场	bǎchǎng	124
バァヅ 把子	把子	bǎzi	114
バァヅゴォン 把子功	把子功	bǎzigōng	37
バイワン 掰腕	掰腕	bāiwàn	42
バイマァン 白蟒	白蟒	báimǎng	98
バイリーディー　チエンリーシアオ 百日笛、千日簫、 イィバァフゥチンラァドワンヤオ 一把胡琴拉断腰	百日笛、千日萧、 一把胡琴拉断腰	bǎirìdí、qiānrìxiāo、yìbǎ 　huqin lā duànyāo	132
バンディー 班底	班底	bāndǐ	14
バンシアライ 扳下来	扳下来	bānxiàlai	127
バンシー 板式	板式	bǎnshì	67
バンヂォントゥイ 搬正腿	搬正腿	bānzhèngtuǐ	36
バンイエン 板眼	板眼	bǎnyǎn	67

飽吹餓唱 (バオチュイウアチャアン)	饱吹饿唱	bǎochuī'èchàng	126
抱刀式 (バオダオシー)	抱刀式	bàodāoshì	39
抱衣抱褲 (バオイイバオクウ)	抱衣抱裤	bàoyī bàokù	102
報子 (バオヅ)	报子	bàozi	15
背槍式 (ベイチアンシー)	背枪式	bēiqiāngshì	39
背弓 (ベイゴン)	背弓	bèigong	47
北京学戲、大津唱紅、上海挣錢 (ベイジン シュエシィ、ティエンジン チャンホン、シャアンハイチョン チエン)	北京学戏、天津唱红、上海挣钱	Běijīngxuéxì、Tiānjīn chànghóng、Shànghǎi zhèngqián	128
鞭 (ビエン)	鞭	biān	112
編辮子 (ビエンビエンヅー)	编辫子	biānbiànzi	23
貶意指 (ビエンイーヂー)	贬意指	biǎnyìzhǐ	27
変臉 (ビエンリエン)	变脸	biànliǎn	53
鏢嚢 (ビアアナン)	镖囊	biāonáng	113
表数指 (ビアオシュウヂー)	表数指	biǎoshùzhǐ	27
比武拳 (ビイウウチュエン)	比武拳	bǐwǔquán	27
鼻子 (ビィヅ)	鼻子	bízi	44
別 (ビエ)	别	biě	45
不管是褒是貶、都是捧角児 (ブウグワンシーバオシービエン、ドウシーポンジュエル)	不管是褒是贬都是捧角儿	bùguǎnshìbāoshìbiǎn dōushìpěngjuér	131
步 (ブウ)	步	bù	31

C

才 (ツァイ)	才	cái	74
彩薄底 (ツァイバオディー)	彩薄底	cǎibáodǐ	105
彩唱 (ツァイチャアン)	彩唱	cǎichàng	19
彩旦 (ツァイダン)	彩旦	cǎidàn	12
彩旦鞋 (ツァイダンシエ)	彩旦鞋	cǎidànxié	105
彩盒子 (ツァイホアヅ)	彩盒子	cǎihézi	87
彩褲 (ツァイクウ)	彩裤	cǎikù	102

149

ツァイパイ 彩排	彩排	cǎipái	124
ツァイシエ 彩鞋	彩鞋	cǎixié	105
ツァアン 倉	仓	cāng	74
チァア 叉	叉	chā	43
チァアヤオシー 叉腰式	叉腰式	chāyāoshì	40
チァアイイ 茶衣	茶衣	cháyī	101
チァアイイチョウ 茶衣丑	茶衣丑	cháyīchǒu	14
チァアグオ 镲锅	镲锅	chǎguō	65
チァアンチュイ 長錘	长锤	chángchuí	75
チァアンジエン 長尖	长尖	chángjiān	74
チァアンカオウションヌ 長靠武生	长靠武生	chángkào wǔshēng	11
チァアンスートウ 長絲頭	长丝头	chángsītou	74
チァアン 唱	唱	chàng	18
チァアンミエン 場面	场面	chǎngmian	63
チァアンドゥイタイシイ 唱対台戲	唱对台戏	chàngduì táixì	118
チァアンガオディアオ 唱高調	唱高调	chànggāodiào	118
チァアンゴォンラオション 唱功老生	唱功老生	chànggōng lǎoshēng	9
チァアンスーヂァオジュイン、レイスー ワンルォン、ファンスーマァトォン 唱死昭君、累死王龍、翻死馬童	唱死昭君、累死王龙、翻死马童	chàngsǐzhāojūn、lèisǐwánglóng、fānsǐmǎtóng	129
チァアンシイダアシイフォンヅ、ティン シイダアシイチァアヅ 唱戲的是瘋子、聽戲的是傻子	唱戏的是疯子听戏的是傻子	chàngxì de shì fēngzi tīngxì de shì shǎzi	126
チァオフォン 抄功	抄功	chāogōng	33
チァオファアンシュエ 朝方靴	朝方靴	cháofāngxuē	104
チォルゥオ 撤鑼	撤锣	chèluó	77
チォンシーデォンヅゥオ 程式動作	程式动作	chéngshì dòngzuò	22
チーホゥオ 吃火	吃火	chīhuǒ	53
チーヅディアオ 尺字調	尺字调	chǐzidiào	69
チォントウ 冲頭	冲头	chòngtou	74
チョウハァン 丑行	丑行	chǒuháng	13
チョウハァンチァンシー 丑行掌式	丑行掌式	chǒuháng zhǎngshì	28

丑角 (チョウジュエ)	丑角	chǒujué	118
抽簽児 (チョウチエンル)	抽签儿	chōuqiānr	134
抽頭 (チョウトウ)	抽头	chōutou	75
出刀式 (チュウダオシー)	出刀式	chūdāoshì	39
穿肚 (チュワンドゥ)	穿肚	chuāndù	49
船槳 (チュワンジャン)	船桨	chuánjiǎng	112
串跟頭 (チュワンゲントウ)	串跟头	chuàngēntou	26
串排 (チュワンパイ)	串排	chuànpái	124
吹胡子瞪眼 (チュイフウヅ ドゥンイエン)	吹胡子瞪眼	chuīhúzi dèngyǎn	119
戳刀式 (チュオダオシー)	戳刀式	chuōdāoshì	39
戳槍式 (チュオチアンシー)	戳枪式	chuōqiāngshì	38
刺 (ツー)	刺	cì	45
刺刀式 (ツーダオシー)	刺刀式	cìdāoshì	40
催上去 (ツイシャンチュイ)	催上去	cuīshàngqu	127
脆頭 (ツイトウ)	脆头	cuìtou	77

D

搭 (ダァ)	搭	dā	43
搭点 (ダァディエン)	搭点	dādiǎn	43
搭架子 (ダァジアヅ)	搭架子	dājiàzi	21
打 (ダァ)	打	dǎ	25
打背弓 (ダァベイゴォン)	打背弓	dǎbèigong	21
打出手 (ダァチュウショウ)	打出手	dǎchūshǒu	25
打単対児 (ダァダンドゥイル)	打单对儿	dǎdānduìr	26
打地 (ダァディー)	打地	dǎdì	47
打連環 (ダァリエンホワン)	打连环	dǎliánhuán	25
打炮戯 (ダァパオシィ)	打炮戏	dǎpàoxì	133
大 (ダァ)	大	dà	73
大八 (ダァバァ)	大八	dàbā	73
大打出手 (ダァダァチュウショウ)	大打出手	dàdǎchūshǒu	119

大刀抱刀式 ダァダオバオダオシー	大刀抱刀式	dàdāobàodāoshì	42
大刀背竖式 ダァダオベイシュウシー	大刀背竖式	dàdāobēishùshì	41
大刀横提式 ダァダオヘゥンティーシー	大刀横提式	dàdāohéngtíshì	42
大刀立刀式 ダァダオリィダオシー	大刀立刀式	dàdāolìdāoshì	41
大刀礼式 ダァダオリーシー	大刀礼式	dàdāolǐshì	41
大刀捧刀式 ダァダオポンダオシー	大刀捧刀式	dàdāopěngdāoshì	42
大纛旗 ダァダオチィ	大纛旗	dàdàoqí	111
大花脸 ダァホリエン	大花脸	dàhuāliǎn	12
大铠 ダァカイ	大铠	dàkǎi	15
大嗓儿 ダァサァンル	大嗓儿	dàsǎngr	18
大堂鼓 ダァタングゥ	大堂鼓	dàtánggǔ	65
大头 ダァトウ	大头	dàtóu	87
大袜 ダァワァ	大袜	dàwà	106
大戯 ダァシィ	大戏	dàxì	132
大衣箱 ダァイィシアン	大衣箱	dàyīxiāng	97
大帐子 ダァチャンヅ	大帐子	dàzhàngzi	111
大轴戯 ダァヂョウシィ	大轴戏	dàzhòuxì	132
大字曲牌 ダァヅーチュイパイ	大字曲牌	dàzì qǔpái	66
大座儿 ダァヅオル	大座儿	dàzuòr	110
呆眼 ダイ	呆眼	dāiyǎn	30
带 ダイ	带	dài	42
带锣 ダイルォ	带锣	dàiluó	74
大锣 ダァルォ	大锣	dàluó	65
单刀小五套 ダンダオシアオウゥタオ	单刀小五套	dāndāo xiǎowǔtào	50
单刀看手、双刀看肘 ダンダオカンシォウ、シュアンダオカンヂォウ	单刀看手、双刀看肘	dāndāo kànshǒu shuāngdāo kànzhǒu	129
单刀枪小五套 ダンダオチアンシアオウゥタオ	单刀枪小五套	dāndāoqiāng xiǎowǔtào	50
单皮鼓 ダンピグゥ	单皮鼓	dānpígǔ	65
单枪小五套 ダンチアンシアオウゥタオ	单枪小五套	dānqiāng xiǎowǔtào	50
单山膀 ダンシャンパン	单山膀	dānshānbang	31
单上场 ダンシャンチャン	单上场	dānshàngchǎng	78

索 引

単語 (カタカナ)	簡体字	ピンイン	頁
単搜場 (ダンソウチャアン)	单搜场	dānsōuchǎng	78
旦行 (ダンハン)	旦行	dànháng	11
旦行掌式 (ダンハンチャアンシー)	旦行掌式	dànháng zhǎngshì	28
旦上場 (ダンシャンチャアン)	旦上场	dànshàngchǎng	78
刀斧手 (ダオフシヨウ)	刀斧手	dāofushǒu	16
刀馬旦 (ダオマアダン)	刀马旦	dāomǎdàn	12
導板頭 (ダオバントウ)	导板头	dǎobǎntóu	79
倒倉 (ダオツァアン)	倒仓	dǎocāng	18
倒好 (ダオハオ)	倒好	dàohǎo	134
倒毛児 (ダオマオル)	倒毛儿	dàomáor	33
档子 (ダァンヅ)	档子	dàngzi	26
登雲履 (デゥンユインリュイ)	登云履	dēngyúnlǚ	105
笛 (ディー)	笛	dí	64
笛子曲牌 (ディーヅチュイパイ)	笛子曲牌	dízi qǔpái	66
底包 (ディーバオ)	底包	dǐbāo	14
墊頭 (ディエントウ)	垫头	diàntou	67
掉涼水盆児里了 (ディアオリアンシュイペンルリイラ)	掉凉水盆儿里了	diàoliángshuǐpénrlǐle	134
調低 (ディアオディー)	调低	diàodǐ	68
調門児 (ディアオメンル)	调门儿	diàoménr	68
調面児 (ディアオミエンル)	调面儿	diàomiànr	68
吊嗓子 (ディアオサアンヅ)	吊嗓子	diàosǎngzi	18
吊腿 (ディアオトゥイ)	吊腿	diàotuǐ	35
丁字歩 (ディンヅブウ)	丁字步	dīngzìbù	31
鼎功 (ディンゴォン)	鼎功	dǐnggōng	37
定場詩 (ディンチャアンシー)	定场诗	dìngchǎngshī	20
定弦 (ディンシエン)	定弦	dìngxián	68
冬練三九、夏練三伏 (ドンリェンサンジウ、シアリェンサンフウ)	冬练三九夏练三伏	dōngliànsānjiǔ xiàliànsānfú	126
兜 (ドウ)	兜	dōu	45
斗蓬 (ドウポン)	斗蓬	dǒupeng	101
嘟 (ドゥ)	嘟	dū	73

ドゥアンチアンシー 端槍式	端枪式	duānqiāngshì	38
ドゥアンダアウウション 短打武生	短打武生	duǎndǎ wǔshēng	11
ドゥアンティアオ 短跳	短跳	duǎntiào	99
ドゥイチャアン 対唱	对唱	duìchàng	19
ドゥイシィ 対戯	对戏	duìxì	124
ドゥオ 哆	哆	duō	73
ドゥオルゥオ 哆囉	哆锣	duōluo	73
ドゥオレンタァンマァ 多人趟馬	多人趟马	duōrén tāngmǎ	23
ドゥオトウ 奪頭	夺头	duótou	78
ドゥオトウ 剁頭	剁头	duòtóu	45

E

アル サンルゥオ 二、三鑼	二、三锣	èr、sānluó	81
アルホアンポンバン 二簧碰板	二簧碰板	èrhuán gpèngbǎn	69
アルホアン 二簧	二簧	èrhuáng	69
アルホアンダオバン 二簧導板	二簧导板	èrhuáng dǎobǎn	69
アルホアンディンバン 二簧頂板	二簧顶板	èrhuáng dǐngbǎn	69
アルホアンホウイルォン 二簧回龍	二簧回龙	èrhuáng huílóng	70
アルホアンマンバン 二簧慢板	二簧慢板	èrhuáng mànbǎn	69
アルホアンサンバン 二簧散板	二簧散板	èrhuáng sǎnbǎn	70
アルホアンヤオバン 二簧搖板	二簧摇板	èrhuáng yáobǎn	70
アルホアンユエンバン 二簧原板	二簧原板	èrhuáng yuánbǎn	69
アルルウライシャァン 二路老生	二路老生	èrlù lǎoshēng	10
アルイィシアン 二衣箱	二衣箱	èryīxiāng	97

F

ファア 法	法	fǎ	31
ファンサンヤン 翻三樣	翻三样	fānsānyàng	34
ファンバァ 反霸	反霸	fǎnbà	22
ファンアルホアン 反二簧	反二簧	fǎnèrhuáng	70

索　引

反西皮 (ファンシイピイ)	反西皮	fǎnxīpí	72
反座子 (ファンツオヅ)	反座子	fǎnzuòzi	16
範児 (ファンル)	范儿	fànr	127
方巾丑 (ファアンジンチョウ)	方巾丑	fāngjīnchǒu	14
方口皂 (ファアンコウヅァオ)	方口皂	fāngkǒuzào	105
方拳 (ファアンチユエン)	方拳	fāngquán	27
分水歩 (フェンシュイブゥ)	分水步	fēnshuǐbù	32
封頭 (フォントウ)	封头	fēngtóu	44
封箱戯 (フォンシアンシイ)	封箱戏	fēngxiāngxì	133
逢場作戯 (フォンチャンヅウオシイ)	逢场作戏	féngchǎng zuòxì	119
鳳点頭 (フォンディエントウ)	凤点头	fèngdiǎntóu	79
瘋眼 (フォンイエン)	疯眼	fēngyǎn	30
佛手指 (フォショウヂー)	佛手指	fóshǒuzhǐ	26
富貴衣 (フゥグゥイイイ)	富贵衣	fùguìyī	99
副浄 (フゥジン)	副净	fùjìng	13
福字履 (フゥヅリュイ)	福字履	fúzìlǚ	105

G

改良官衣 (ガイリアングヮンイイ)	改良官衣	gǎiliáng guānyī	99
改良靠 (ガイリアンカオ)	改良靠	gǎiliángkào	100
蓋 (ガイ)	盖	gài	46
干念牌子 (ガンニエンパイヅ)	干念牌子	gānniàn páizi	67
高拨子 (ガオボォヅ)	高拨子	gāobōzi	72
勾臉武生 (ゴウリエンウゥション)	勾脸武生	gōuliǎn wǔshēng	11
弓箭歩 (ゴンジエンブゥ)	弓箭步	gōngjiànbù	31
宮女児丫鬟 (ゴンニュイル ヤァホワン)	宫女儿丫鬟	gōngnǚr yāhuan	17
拱手式 (ゴンショウシー)	拱手式	gǒngshǒushì	39
勾臉 (ゴウリエン)	勾脸	gōuliǎn	86
狗形児 (ゴウシィンル)	狗形儿	gǒuxíngr	114
古装頭 (グゥヂュアントウ)	古装头	gǔzhuāngtóu	87

官衣	官衣	guānyī	98
官中	官中	guānzhōng	133
帰位	归位	guīwèi	80
跪歩	跪步	guìbù	32
滾肚	滚肚	gǔndù	49
滾頭子	滚头子	gǔntóuzi	75
過合	过合	guòhé	49
過門児	过门儿	guòménr	67

H

海笛曲牌	海笛曲牌	hǎidí qǔpái	67
海報	海报	hǎibào	134
海青	海青	hǎiqīng	99
旱水	旱水	hànshuǐ	37
含羞眼	含羞眼	hánxiūyǎn	29
夯児	夯儿	hāngr	126
行当	行当	hángdang	9
喊嗓子	喊嗓子	hǎnsǎngzi	18
耗山膀	耗山膀	hàoshānbang	30
耗腿	耗腿	hàotuǐ	34
合頭	合头	hétou	66
荷葉指	荷叶指	héyèzhǐ	26
黒場子	黑场子	hēichǎngzi	127
黒蟒	黑蟒	hēimǎng	98
黒頭	黑头	hēitóu	13
紅生	红生	hóngshēng	10
紅団龍蟒	红团龙蟒	hóngtuán lóngmǎng	97
後台如綿羊、上台如猛虎	后台如绵羊、上台如猛虎	hòutái rú miányáng、shàngtái rú měnghǔ	130
厚底靴	厚底靴	hòudǐxuē	104

猴児掌	猴儿掌	hóurzhǎng	28
花旦	花旦	huādàn	11
花衫	花衫	huāshān	12
滑歩	滑步	huábù	31
黄金有価芸無価	黄金有价艺无价	huángjīn yǒujià yì wújià	132
黄蟒	黄蟒	huángmǎng	98
恍範児	恍范儿	huǎngfànr	127
胡琴曲牌	胡琴曲牌	húqín qǔpái	66
虎跳	虎跳	hǔtiào	34
虎頭靴	虎头靴	hǔtóuxuē	105
虎形児	虎形儿	hǔxíngr	114
護刀式	护刀式	hùdāoshì	40
護領	护领	hùlǐng	102
護腰式	护腰式	hùyāoshì	38
回戯	回戏	huíxì	133
混曲牌	混曲牌	hǔnqǔpái	66
豁	豁	huō	46
火	火	huǒ	128
火旗	火旗	huǒqí	111

J

基本功	基本功	jīběngōng	18
急急風	急急风	jíjífēng	76
加鑼	加锣	jiāluó	82
假面具	假面具	jiǎmiànjù	118
架住	架住	jiàzhù	47
剪腰	剪腰	jiǎnyāo	47
見好就収	见好就收	jiànhǎo jiùshōu	119
箭衣	剪衣	jiànyi	101
箭衣老生	箭衣老生	jiànyi lǎoshēng	10

剣指 ジェンヂー	剑指	jiànzhǐ	27
僵尸 ジアンシー	僵尸	jiāngshī	34
降調門児 ジアンディアオメンル	降调门儿	jiàngdiàoménr	68
嬌眼 ジアオイエン	娇眼	jiāoyǎn	30
叫板 ジアオバン	叫板	jiàobǎn	22
叫好児 ジアオハオル	叫好儿	jiàohǎor	119
叫頭 ジアオトウ	叫头	jiàotou	76
接攅 ジエツワン	接攒	jiēcuán	26
接一腿 ジエイトゥイ	接一腿	jiēyìtuǐ	42
緊錘 ジンチュイ	紧锤	jǐnchuí	76
進門出門 ジンメンチュウメン	进门出门	jìnmén chūmén	25
京白 ジインバイ	京白	jīngbái	20
京二胡 ジインアルホゥ	京二胡	jīngèrhú	64
京胡 ジインホウ	京胡	jīnghú	64
京劇楽隊 ジインジュイエドゥイ	京剧乐队	jīngjù yuèduì	63
驚喜眼 ジインシイエン	惊喜眼	jīngxǐyǎn	29
驚眼 ジインイエン	惊眼	jīngyǎn	29
浄行 ジインハァン	净行	jìngháng	12
浄行掌式 ジインハァンヂャンシー	净行掌式	jìngháng zhǎngshì	28
九錘半 ジウチュイバン	九锤半	jiǔchuíbàn	76
酒具 ジウジュイ	酒具	jiǔjù	113
救場如救火 ジウチャンロゥジウホゥオ	救场如救火	jiù chǎng rú jiù huǒ	130
挙槍式 ジュイチアンシー	举枪式	jǔqiāngshì	38
挙拳 ジュイチュエン	举拳	jǔquán	27
角児坯子 ジュエルピィヅ	角儿坯子	juérpīzi	125
俊扮 ジンバン	俊扮	jùnbàn	86

K

開鎕 カイチャァン	开氅	kāichang	100
開場白 カイチャァンバイ	开场白	kāichǎngbái	118

カイコウティアオ	开口跳	kāikǒutiào	14
カイメングワンメン	开门关门	kāimén guānmén	25
カイモンシイ	开蒙戏	kāiméngxì	124
カイエン	开眼	kāiyǎn	53
カオ	靠	kào	100
クァ	磕	kē	46
クァバンチュウシェン 科班出身	科班出身	kēbānchūshēn	119
コォンディン 空鼎	空鼎	kōngdǐng	37
コウチュワンシンシヨウ、イエンチュワンシェンジアオ 口伝心授、言伝身教	口传心授言传身教	kǒuchuán xīnshòu yánchuán shēnjiāo	124
クゥトウ 哭头	哭头	kūtou	77
クゥ 裤	裤	kù	102
クワイニウス 快纽丝	快纽丝	kuàiniǔsi	75
クワイシュエ 快靴	快靴	kuàixuē	105
クワイユエンチャァン 快原场	快原场	kuàiyuánchǎng	78
クワイクワク 侉衣侉裤	侉衣侉裤	kuǎyī kuǎkù	102
クイ 盔	盔	kuī	103
クイシアン 盔箱	盔箱	kuīxiāng	97

L

ラアシャンバン 拉山膀	拉山膀	lāshānbang	30
ラァドゥ 拉肚	拉肚	ládù	47
ランホワヂー 兰花指	兰花指	lánhuāzhǐ	26
ラオダン 老旦	老旦	lǎodàn	12
ラオダンシュエヅ 老旦褶子	老旦褶子	lǎodàn xuézi	100
ラオダンマァン 老旦蟒	老旦蟒	lǎodànmǎng	98
ラオホゥチアン 老虎枪	老虎枪	lǎohǔqiāng	49
ラオション 老生	老生	lǎoshēng	9
ラオションチャァンシー 老生掌式	老生掌式	lǎoshēng zhǎngshì	28
ラオトウブゥ 老头步	老头步	lǎotóubù	32

ラオトウイィ 老斗衣	老斗衣	lǎotóuyī	99
ラオイエシイ 老爺戲	老爷戏	lǎoyexì	133
ラオヅ 牢子	牢子	làozi	16
レイマァ 勒馬	勒马	lēimǎ	23
レゥンチュイ 冷錘	冷锤	lěngchuí	82
レゥンイエン 冷眼	冷眼	lěngyǎn	29
リエンチャァン 聯唱	联唱	liánchàng	19
リエンプゥ 臉譜	脸谱	liǎnpǔ	89
リエンスーゴォン 練私功	练私功	liànsīgōng	125
リアンジィ 両擊	两击	liǎngjī	81
リアンルゥオフォンディエントゥ 両鑼鳳点頭	两锣凤点头	liǎngluó fèngdiǎntóu	79
リアンシアン 亮相	亮相	liàngxiàng	127
リアンシュエディール 亮靴底児	亮靴底儿	liàngxuēdǐr	22
リアオ 撩	撩	liāo	46
リィンヅ シアオション 翎子小生	翎子小生	língzi xiǎoshēng	10
リィンヅ ゴォン 翎子功	翎子功	língzigōng	52
リィン 令	令	lìng	74
リィンジエン 令箭	令箭	lìngjiàn	113
リウフェンリエン 六分臉	六分脸	liùfēnliǎn	89
リウヅ ディアオ 六字調	六字调	liùzìdiào	68
リィヂャァン 立掌	立掌	lìzhǎng	28
ルォンドォン 龍冬	龙冬	lóngdōng	73
ルォンタオ 龍套	龙套	lóngtào	15
ルォンタオイィー 龍套衣	龙套衣	lóngtàoyī	101
ルォントウポン 龍斗蓬	龙斗蓬	lóngtóupeng	101
ルォンシィンル 龍形児	龙形儿	lóngxíngr	114
ルワンチュイ 乱錘	乱锤	luànchuí	77
ルゥオグゥジン 鑼鼓経	锣鼓经	luógǔjīng	73
ルゥオチュエン 螺拳	螺拳	luóquán	27
ルゥオイエヅ 捋葉子	捋叶子	luǒyèzi	127
リュトワンルォンマァン 緑団龍蟒	绿团龙蟒	lǜtuán lóngmǎng	98

索　引

M

馬歩 (マアブウ)	马步	mǎbù	31
馬掛児 (マアグワル)	马褂儿	mǎguàr	102
馬後 (マアホウ)	马后	mǎhòu	134
馬前 (マアチエン)	马前	mǎqián	133
馬童 (マアトォン)	马童	mǎtóng	16
馬腿児（動作）(マアトゥイル)	马腿儿	mǎtuǐr	47
馬腿児（鑼鼓経）(マアトゥイル)	马腿儿	mǎtuǐr	76
漫頭 (マントウ)	漫头	mántóu	44
満髯 (マンロァン)	满髯	mǎnrán	88
満堂好児 (マンタァンハオル)	满堂好儿	mǎntáng hǎor	134
蟒 (マアン)	蟒	mǎng	97
鉚上 (マオシャァン)	铆上	mǎoshang	128
冒場 (マオチャァン)	冒场	màochǎng	128
冒調 (マオディァオ)	冒调	màodiào	19
冒嚎児 (マオハオル)	冒嚎儿	màoháor	18
冒児戯 (マオルシイ)	冒儿戏	màorxì	132
帽翅功 (マオチーゴォン)	帽翅功	màochìgōng	52
帽子頭 (マオブトウ)	帽子头	màozitóu	79
媚眼 (メイイエン)	媚眼	mèiyǎn	29
門子 (メンヅ)	门子	ménzi	15
面具 (ミエンジュイ)	面具	miànjù	86
蔑視眼 (ミエシーイエン)	蔑视眼	mièshìyǎn	30
末 (モォ)	末	mò	13
抹臉 (モォリエン)	抹脸	mǒliǎn	86

N

拿手好戯 (ナァショウハオシイ)	拿手好戏	náshǒu hǎoxì	118
拿賊 (ナァヅェイ)	拿贼	názéi	127
南梆子 (ナンバァンヅ)	南梆子	nánbāngzi	72

南梆子導板頭	南梆子导板头	nánbāngzi dǎobǎntóu	80
南腔北調	南腔北调	nánqiāng běidiào	119
男怕夜奔、女怕思凡	男怕夜奔女怕思凡	nánpàyèbèn nǚpàsīfán	129
鐃鈸	铙钹	náobó	65
内行看門道、外行看熱鬧	内行看门道外行看热闹	nèihángkànméndào wàihángkànrènao	135
念	念	niàn	20
紐絲	纽丝	niǔsi	75
紐絲鳳点頭	纽丝凤点头	niǔsī fèngdiǎntóu	79
怒眼	怒眼	nùyǎn	30
怒指	怒指	nùzhǐ	27
女鳳斗蓬	女凤斗蓬	nǚfèngdǒupeng	101
女富貴衣	女富贵衣	nǚfùguìyī	100
女蟒	女蟒	nǚmǎng	98

P

趴字調	趴字调	pāzidiào	68
爬鼎	爬鼎	pádǐng	37
刨	刨	páo	45
胖襖	胖袄	páng'ǎo	103
袍带丑	袍带丑	páodàichǒu	14
袍带老生	袍带老生	páodài lǎoshēng	10
袍带小生	袍带小生	páodài xiǎoshēng	10
跑龍套	跑龙套	pǎolóngtào	119
泡子	泡子	pàozi	87
碰頭好兒	碰头好儿	pèngtóuhǎor	134
碰鐘兒	碰钟儿	pèngzhōngr	65
帔	帔	pī	99
劈岔	劈岔	pǐchà	35
票房	票房	piàofáng	134

ピアオヨウ 票友	票友	piàoyǒu	134
ピンバンドゥオトウ 平板奪頭	平板夺头	píngbǎn duótou	78
ピンティエングワン 平天冠	平天冠	píngtiānguān	103
プゥデゥンウゥ 撲燈蛾	扑灯蛾	pūdēng'é	76

Q

チィパン 棋盤	棋盘	qípán	113
チィ 旗	旗	qí	111
チィルゥオサンパオ 旗鑼傘報	旗锣伞报	qíluó sǎnbào	15
チィマアン 旗蟒	旗蟒	qímǎng	98
チィパオシアン 旗袍箱	旗袍箱	qípāoxiāng	112
チィシエ 旗鞋	旗鞋	qíxié	105
チィシエブ 旗鞋步	旗鞋步	qíxiébù	32
チィヂュアントウ 旗装頭	旗装头	qízhuāngtóu	87
チィパァ 起覇	起霸	qǐbà	22
チィファンル 起範児	起范儿	qǐfànr	127
チエンジンホワバイスーリアンチャン 千斤話白四両唱	千斤话白四两唱	qiānjīnhuàbáisìliǎngchàng	125
チエンマオル 前毛児	前毛儿	qiánmáor	33
チエンプゥ 前撲	前扑	qiánpu	34
チエンティアオ 簽条	签条	qiàntiáo	113
チエントゥン 簽筒	签筒	qiàntǒng	113
チアンジアズ 槍架子	枪架子	qiāngjiàzi	25
チアンディン 墻鼎	墙鼎	qiángdǐng	37
チィン 頃	顷	qǐng	74
チィンチャァン 清唱	清唱	qīngchàng	19
チィンパオ 青袍（役）	青袍	qīngpáo	16
チィンパオ 青袍（衣装）	青袍	qīngpáo	100
チィンシュエヅ 青褶子	青褶子	qīngxuézi	99
チィンイィ 青衣	青衣	qīngyī	11
チィンチュイパイ 清曲牌	清曲牌	qīngqǔpái	66

窮生	穷生	qióngshēng	10
趨步	趋步	qūbù	33
曲牌	曲牌	qǔpái	66
拳不離手、曲不離口	拳不离手、曲不离口	quánbùlíshǒu、qǔbùlíkǒu	126
拳式	拳式	quánshì	27
瘸步	瘸步	québù	32
怯場	怯场	quèchǎng	118
裙	裙	qún	10

R

髯	髯	rán	88
髯口功	髯口功	ránkougōng	52
繞	绕	rào	44
繞脖兒	绕脖儿	ràobór	44
熱不死的花臉、凍不死的花旦	热不死的花脸冻不死的花旦	rèbùsìde huāliǎn、dòngbùsìde huādàn	131
人不親藝親	人不亲艺亲	rénbùqīnyìqīn	129
人形兒	人形儿	rénxíngr	112
認認真真演戲、老老實實做人	认认真真演戏老老实实做人	rènrènzhēnzhēnyǎnxì、lǎolǎo shíshízuòrén	131
揉臉	揉脸	róuliǎn	86
軟靠	软靠	ruǎnkào	100

S

洒鞋	洒鞋	sǎxié	105
洒狗血	洒狗血	sǎgǒuxuě	127
撒紅票	撒红票	sǎhóngpiào	134
三分唱、七分打	三分唱、七分打	sān fēnchàng、qīfēndǎ	132
三白	三白	sānbái	133

索 引

三大塊兒	三大块儿	sāndà kuàir	51
三擊	三击	sānjī	80
三角鼎	三角鼎	sānjiǎodǐng	37
三塊瓦臉	三块瓦脸	sānkuài wǎliǎn	89
三鑼鳳点頭	三锣凤点头	sānluó fèngdiǎntóu	79
三年出個好狀元、十年未必出個好唱戲的	三年出个好状元、十年未必出个好唱戏的	sānnián chūge hǎo zhuàngyuan、shínián wèibì chūge hǎo chàngxìde	130
三年胳膊五年腿、十年練不好一張嘴	三年胳膊五年腿、十年练不好一张嘴	sānniángēbo wǔniántuǐ、shínián liànbùhǎo yìzhāngzuǐ	126
三起三落	三起三落	sānqǐ sānluò	36
三弦兒	三弦儿	sānxiánr	64
三衣箱	三衣箱	sānyīxiāng	97
散長錘	散长锤	sǎnchángchuí	75
散長錘鳳点頭	散长锤凤点头	sǎnchángchuí fèngdiǎntóu	79
傘	伞	sǎn	113
掃	扫	sǎo	46
掃邊	扫边	sǎobiān	14
掃頭	扫头	sǎotou	77
僧鞋	僧鞋	sēngxié	105
山膀	山膀	shānbang	30
山東胳膊直隷腿	山东胳膊直隶腿	shāndōnggēbo zhílǐtuǐ	125
山石牌	山石牌	shānshípái	113
扇子	扇子	shànzi	112
扇子小生	扇子小生	shànzi xiǎoshēng	10
扇子功	扇子功	shànzigōng	53
上板哭頭	上板哭头	shàngbǎn kūtou	77
上場	上场	shàngchǎng	118
上場对兒	上场对儿	shàngchǎng duìr	21

上船下船	上船下船	shàngchuán xiàchuán	24
上轎下轎	上轿下轿	shàngjiào xiàjiào	24
上楼下楼	上楼下楼	shànglóu xiàlóu	24
上馬下馬	上马下马	shàngmǎ xiàmǎ	24
上下左右	上下左右	shàng xià zuǒ yòu	48
上字調	上字调	shàngzidiào	69
身	身	shēn	30
射雁	射雁	shèyàn	36
笙	笙	shēng	64
生丑言公	生丑言公	shēngchǒu yángōng	129
生行	生行	shēngháng	9
聖旨	圣旨	shèngzhǐ	111
十旦易找、一净難求	十旦易找、一净难求	shídànyìzhǎo、yíjìngnánqiú	130
十净九裘	十净九裘	shíjìng jiǔqiú	131
十三響	十三响	shísānxiǎng	36
十字門臉	十字门脸	shízì ménliǎn	89
是騾子是馬拉出來遛遛	是骡子是马拉出来遛遛	shì luózi shì mǎ lāchulai liùliù	130
收頭	收头	shōutou	81
手	手	shǒu	26
書信	书信	shūxìn	114
梳頭桌	梳头桌	shūtóuzhuō	87
数板兒	数板儿	shǔbǎnr	20
耍牙	耍牙	shuǎyá	53
甩髮功	甩发功	shuǎifagōng	52
双刀槍小五套	双刀枪小五套	shuāng dāoqiāngxiǎowǔtào	50
双槍背槍式	双枪背枪式	shuāngqiāng bēiqiāngshì	41
双槍側提式	双枪侧提式	shuāngqiāng cètíshì	40
双槍封頭式	双枪封头式	shuāngqiāng fēngtóushì	40

双槍分挙式 (シュアンチアンフェンジュイシー)	双枪分举式	shuāngqiāng fēnjǔshì	41
双槍托挙式 (シュアンチアントゥオジュイシー)	双枪托举式	shuāngqiāng tuōjǔshì	40
双刀封頭式 (シュアンダオフェントウシー)	双刀封头式	shuāngdāo fēngtóushì	41
双刀横刀式 (シュアンダオヘンダオシー)	双刀横刀式	shuāngdāo héngdāoshì	41
双刀横挙式 (シュアンダオヘンジュイシー)	双刀横举式	shuāngdāo héngjǔshì	41
双刀横掖式 (シュアンダオヘンイエシー)	双刀横掖式	shuāngdāo héngyēshì	41
双刀背刀式 (シュアンダオベイダオシー)	双刀背刀式	shuāngdāo bēidāoshì	41
双刀分刀式 (シュアンダオフェンダオシー)	双刀分刀式	shuāngdāo fēndāoshì	41
双刀護腰式 (シュアンダオホゥヤオシー)	双刀护腰式	shuāngdāo hùyāoshì	41
双刀立掖式 (シュアンダオリイエシー)	双刀立掖式	shuāngdāo lìyēshì	41
双刀掖刀式 (シュアンダオイエダオシー)	双刀掖刀式	shuāngdāo yēdāoshì	41
双風貫耳 (シュアンフォングワンエル)	双风贯耳	shuāngfēng guàn ěr	42
双拍腿 (シュアンパイトゥイ)	双拍腿	shuāngpāituǐ	43
双槍抱槍式 (シュアンチアンバオチアンシー)	双枪抱枪式	shuāngqiāng bàoqiāngshì	40
双槍護腰式 (シュアンチアンホゥヤオシー)	双枪护腰式	shuāngqiāng hùyāoshì	41
双槍順風旗式 (シュアンチアンシュンフォンチイシー)	双枪顺风旗式	shuāngqiāngshùnfēngqíshì	40
双人起覇 (シュアンロェンチィバァ)	双人起霸	shuāngrén qǐbà	22
双人趟馬 (シュアンロェンタァンマァ)	双人趟马	shuāngrén tāngmǎ	23
水底魚 (シュイディーユイ)	水底鱼	shuǐdǐyú	76
水旗 (シュイチィ)	水旗	shuǐqí	111
水袖功 (シュイシウゴォン)	水袖功	shuǐxiùgōng	52
水衣子 (シュイイツ)	水衣子	shuǐyīzi	102
説戯 (シュオシイ)	说戏	shuōxì	124
私房 (スーファアン)	私房	sīfáng	133
思索眼 (スースゥオイエン)	思索眼	sīsuǒyǎn	29
撕腿 (ストゥイ)	撕腿	sītuǐ	35
絲辺 (スービエン)	丝边	sībiān	81
絲辺一鑼 (スービエンイイルゥオ)	丝边一锣	sībiān yìluó	82
四辺静 (スービエンジィン)	四边静	sìbiānjìng	76
四功五法 (スーゴォンウゥファア)	四功五法	sìgōng wǔfǎ	33
四撃 (スージィ)	四击	sìjī	80

スージイトウ 四擊頭	四击头	sìjītóu	80
スーリアンパァヂュウ 四樑八柱	四梁八柱	sìliáng bāzhù	15
スールオクウトウ 四鑼哭頭	四锣哭头	sìluó kūtóu	77
スーミエンゲントウ 四面跟頭	四面跟头	sìmiàn gēntou	26
スーピィンディアオ 四平調	四平调	sìpíngdiào	70
スゥジエン イ 素箭衣	素箭衣	sùjiànyi	101
スゥシュエ ヅ 素褶子	素褶子	sùxuézi	99
スゥヂュウゴォン 素珠功	素珠功	sùzhūgōng	52
スゥドウポン 素斗蓬	素斗蓬	sùdǒupeng	101
スゥイリエン 碎臉	碎脸	suìliǎn	90
スゥオ 鎖	锁	suǒ	112
スゥオナァ 嗩呐	唢呐	suǒna	64
スゥオナァアルホアン 嗩呐二簧	唢呐二簧	suǒna èrhuáng	70
スゥオナァチュイパイ 嗩呐曲牌	唢呐曲牌	suǒna qǔpái	67
スゥオイィ 蓑衣	蓑衣	suōyī	101

T

タァディアオ 塌調	塌调	tādiào	19
タァヤオデイン 塌腰鼎	塌腰鼎	tāyāodǐng	37
タイ 台	台	tái	74
タイブゥ 台歩	台步	táibù	33
タイフォン ル 台風児	台风儿	táifēngr	127
タイシャンウゥシエンロェン 台上無閑人	台上无闲人	táishàngwúxiánrén	127
タイジエン 太監	太监	tàijian	16
タンパン 檀板	檀板	tánbǎn	65
タンヅゴォン 毯子功	毯子功	tǎnzigōng	33
タンハイル 探海児	探海儿	tànhǎir	36
タンマァ 趟馬	趟马	tāngmǎ	23
タァンパン 堂板	堂板	tángbǎn	113

索 引

唐三千、宋八百、唱不完的東周列国	唐三千、宋八百、唱不完的东周列国	tángsānqiān、sòngbābǎi、chàngbuwán de dōngzhōu lièguó	131
特技	特技	tèjì	52
疼長酸抽麻不練	疼长酸抽麻不练	téngzhǎngsuān choumābúliàn	125
搿頭	搿头	tiàntóu	128
挑	挑	tiǎo	45
鉄門檻児	铁门槛儿	tiěménkǎnr	36
踢後腿	踢后腿	tīhòutuǐ	36
踢旁腿	踢旁腿	tīpángtuǐ	35
踢騙腿	踢骗腿	tīpiàntuǐ	35
踢十字腿	踢十字腿	tīshízìtuǐ	35
踢腿	踢腿	tītuǐ	35
踢正腿	踢正腿	tīzhèngtuǐ	35
提拳	提拳	tíquán	27
銅錘花臉	铜锤花脸	tóngchuí huāliǎn	13
偸戯	偷戏	tōuxì	128
頭飾	头饰	tóushì	87
徒手小五套	徒手小五套	túshǒu xiǎowǔtào	50
吐火	吐火	tǔhuǒ	53
腿功	腿功	tuǐgōng	34
腿指対転	腿指对转	tuǐzhǐ duìzhuàn	36
托刀式	托刀式	tuōdāoshì	39
托槍式	托枪式	tuōqiāngshì	38
托天掌	托天掌	tuōtiānzhǎng	28

W

娃娃生	娃娃生	wáwashēng	11
歪臉	歪脸	wāiliǎn	89

ワイ 外	外	wài	13
ワンイエン 剜眼	剜眼	wānyǎn	42
ワンマオ 王帽	王帽	wángmào	104
ワンマオラオション 王帽老生	王帽老生	wángmào lǎoshēng	9
ウェン 温	温	wēn	128
ウェンチャァン 文場	文场	wénchǎng	63
ウェンチョウル 文丑儿	文丑儿	wénchǒur	13
ウゥチャァン 武場	武场	wǔchǎng	64
ウゥチョウル 武丑儿	武丑儿	wǔchǒur	14
ウゥダン 武旦	武旦	wǔdàn	12
ウゥダァタオルゥ 武打套路	武打套路	wǔdǎ tàolù	25
ウゥハァン 武行	武行	wǔháng	16
ウゥジィン 武浄	武净	wǔjìng	13
ウゥシアオション 武小生	武小生	wǔxiǎoshēng	11
ウゥション 武生	武生	wǔsheng	11
ウゥションヂャァンシー 武生掌式	武生掌式	wǔshēng zhǎngshì	28
ウゥジィトウ 五擊頭	五击头	wǔjītóu	80
ウゥタイシアオティエンディー、ティエン ディーダウゥタイ 舞台小天地、天地大舞台	舞台小天地、天地大舞台	wǔtái xiǎotiāndì、tiāndì dàwǔtái	135
ウゥインブゥチュエン 五音不全	五音不全	wǔyīn bùquán	19
ウゥチャァン 誤場	误场	wùchǎng	128

X

シィピィ 西皮	西皮	xīpí	70
シィピィダオバン 西皮導板	西皮导板	xīpí dǎobǎn	72
シィピィアルリウ 西皮二六	西皮二六	xīpí èrliù	71
シィピィホゥイロン 西皮回龍	西皮回龙	xīpí huílóng	72
シィピィクワイバン 西皮快板	西皮快板	xīpí kuàibǎn	71
シィピィリウシュイ 西皮流水	西皮流水	xīpí liúshuǐ	71
シィピィマンバン 西皮慢板	西皮慢板	xīpí mànbǎn	71

西皮散板 (シィビィサンバン)	西皮散板	xīpí sǎnbǎn	71
西皮娃娃調 (シィビィワァワァディアオ)	西皮娃娃调	xīpí wáwadiào	72
西皮摇板 (シィビィヤオバン)	西皮摇板	xīpí yáobǎn	71
西皮原板 (シィビィユエンバン)	西皮原版	xīpí yuánbǎn	71
喜愛眼 (シィアイエン)	喜爱眼	xǐ'àiyǎn	29
戲包袱 (シィバオフウ)	戏包袱	xìbāofu	129
戲飽人 (シィバオロエン)	戏饱人	xìbǎorén	132
戲單 (シィダン)	戏单	xìdān	134
戲德 (シィドァ)	戏德	xìdé	130
戲要三分生 (シィヤオサンフェンショウ)	戏要三分生	xìyào sānfēnshēng	125
細看眼 (シィカンイエン)	细看眼	xìkànyǎn	29
下場 (シアチャン)	下场	xiàchǎng	118
下場対兒 (シアチャンドゥイル)	下场对儿	xiàchǎng duìr	21
下場兒 (シアチャンル)	下场儿	xiàchǎngr	51
下地兒 (シアディール)	下地儿	xiàdìr	124
下高 (シアガオ)	下高	xiàgāo	34
下海 (シアハイ)	下海	xiàhǎi	134
削頭 (シアオトウ)	削头	xiāotóu	45
小鑼平板奪頭 (シアオルオピィンバンドゥオトウ)	小锣平板夺头	xiǎoluó píngbǎn duòtou	78
小斗蓬 (シアオドウポン)	小斗蓬	xiǎodǒupeng	101
小翻兒 (シアオファンル)	小翻儿	xiǎofānr	34
小工調 (シアオゴォンディアオ)	小工调	xiǎogōngdiào	68
小花臉（行当）(シアオホワリエン)	小花脸	xiǎohuāliǎn	14
小花臉（化粧）(シアオホワリエン)	小花脸	xiǎohuāliǎn	90
小鑼 (シアオルオ)	小锣	xiǎoluó	65
小鑼長絲頭 (シアオルオチャンスートウ)	小锣长丝头	xiǎoluó chángsītóu	74
小鑼抽頭 (シアオルオチョウトウ)	小锣抽头	xiǎoluó chōutou	75
小鑼帶鑼 (シアオルオダイルオ)	小锣带锣	xiǎoluó dàiluó	75
小鑼導板頭 (シアオルオダオバントウ)	小锣导板头	xiǎoluó dǎobǎndóu	80
小鑼奪頭 (シアオルオドゥオトウ)	小锣夺头	xiǎoluó duòtou	78
小鑼鳳点頭 (シアオルオフォンディエントウ)	小锣凤点头	xiǎoluó fèngdiǎntóu	79

シアオルゥオグゥイウェイ 小鑼帰位	小锣归位	xiǎoluó guīwèi	80
シアオルゥオジアルゥオ 小鑼加鑼	小锣加锣	xiǎoluó jiāluó	82
シアオルゥオジアオトウ 小鑼叫頭	小锣叫头	xiǎoluó jiàotou	77
シアオルゥオクゥトウ 小鑼哭頭	小锣哭头	xiǎoluó kūtou	77
シアオルゥオレゥンチュイル 小鑼冷錘児	小锣冷锤儿	xiǎoluó lěng chuír	82
シアオルゥオリアンジィ 小鑼両撃	小锣两击	xiǎoluó liǎngjī	81
シアオルゥオマオ ヅ トウ 小鑼帽子頭	小锣帽子头	xiǎoluó màozitóu	79
シアオルゥオナンバンヅ ダオバントウ 小鑼南梆子導板頭	小锣南梆子导板头	xiǎoluó nánbāngzi dǎobǎntóu	80
シアオルゥオサンジィ 小鑼三撃	小锣三击	xiǎoluó sānjī	81
シアオルゥオサンルゥオフォンディエントウ 小鑼三鑼鳳点頭	小锣三锣凤点头	xiǎoluó sānluó fèngdiǎntóu	79
シアオルゥオショウトウ 小鑼収頭	小锣收头	xiǎoluó shōutou	81
シアオルゥオスージィ 小鑼四撃	小锣四击	xiǎoluó sìjī	80
シアオルゥオウゥジィトウ 小鑼五撃頭	小锣五击头	xiǎoluó wǔjītóu	80
シアオルゥオイィジィ 小鑼一撃	小锣一击	xiǎoluó yìjī	81
シアオルゥオユエンチャァン 小鑼原場	小锣原场	xiǎoluó yuánchǎng	78
シアオルゥオヂュウトウ 小鑼住頭	小锣住头	xiǎoluó zhùtou	81
シアオサンル 小嗓児	小嗓儿	xiǎosǎngr	18
シアオション 小生	小生	xiǎoshēng	10
シアオションヂャァンシー 小生掌式	小生掌式	xiǎoshēng zhǎngshì	28
シアオタァングゥ 小堂鼓	小堂鼓	xiǎotánggǔ	65
シアオウゥタオ 小五套	小五套	xiǎowǔtào	50
シアオシィ 小戲	小戏	xiǎoxì	133
シアオシウ 小袖	小袖	xiǎoxiù	103
シアオヂャァンヅ 小帳子	小帐子	xiǎozhàngzi	111
シアオヅゥオル 小座児	小座儿	xiǎozuòr	110
シアオチャァン 笑場	笑场	xiàochǎng	128
シアオイエン 笑眼	笑眼	xiàoyǎn	29
シアオウェイ 校尉	校尉	xiàowei	16
シアンビエン 響辺	响边	xiǎngbiān	23

索　引

響排 (シアンパイ)	响排	xiǎngpái	124
象形臉 (シアンシンリエン)	象形脸	xiàngxíngliǎn	90
斜垂式 (シエチュイシー)	斜垂式	xiéchuíshì	38
斜擰式 (シエニインシー)	斜拧式	xiéníngshì	38
斜提式 (シエティーシー)	斜提式	xiétíshì	39
行弦 (シンシエン)	行弦	xíngxián	68
須生 (シュイション)	须生	xūshēng	9
虛擬動作 (シュイニィドォンヅオ)	虚拟动作	xūnǐ dòngzuò	24
靴箱 (シュエシアン)	靴箱	xuēxiāng	97
靴鞋類 (シュエシエレイ)	靴鞋类	xuēxiélèi	104
褶子 (シュエヅ)	褶子	xuézi	99

Y

壓 (ヤァ)	压	yā	46
壓刀式 (ヤァダオシー)	压刀式	yādāoshì	40
壓軸戲 (ヤァヂョウシィ)	压轴戏	yāzhòuxì	132
牙笏 (ヤァホゥ)	牙笏	yáhù	113
壓腿 (ヤァトゥイ)	压腿	yàtuǐ	34
壓正腿 (ヤァヂョントゥイ)	压正腿	yàzhèngtuǐ	34
壓旁腿 (ヤァパァントゥイ)	压旁腿	yàpángtuǐ	35
啞辺 (ヤァビェン)	哑边	yǎbiān	23
眼 (イエン)	眼	yǎn	29
演劇音楽 (イエンジュイインユエ)	演剧音乐	yǎnjù yīnyuè	63
嚴師出高徒 (イエンシーチュゥガオトゥ)	严师出高徒	yánshīchūgāotú	125
幺、二、三 (ヤオ、アル、サン)	幺、二、三	yāo、èr、sān	43
腰封 (ヤオフォン)	腰封	yāofēng	47
腰功 (ヤオゴォン)	腰功	yāogōng	37
乙字調 (イヅディアオ)	乙字调	yīzìdiào	68
椅披 (イピィ)	椅披	yǐpī	110
椅子功 (イヅゴォン)	椅子功	yǐzigōng	52

173

イィチュイルゥオ 一錘鑼	一锤锣	yìchuíluó	77
イィフォンシュウ 一封書	一封书	yìfēngshū	75
イィジィ 一擊	一击	yìjī	81
イィクァツァイル 一棵菜児	一棵菜儿	yìkēcàir	129
イィルゥオフォンディエントウ 一鑼鳳点頭	一锣凤点头	yìluó fèngdiǎntóu	79
イィティエン ブゥリエン ズー ジィダー 一 天 不練自己知 ダオ リアン ティエン ブゥリエン 道、両 天 不練 シー フゥ ヂー ダオ サン ティエン 師 父 知 道、三 天 ブゥリエングァンヂョンヂーダオ 不練観衆知道	一天不练自己知道、两天不练师父知道、三天不练观众知道	yìtiān bú liàn zìjǐ zhīdao, liǎngtiān bú liàn shīfu zhīdao, sāntiān bú liàn guānzhòng zhīdao	131
イィシアンヂョァバイチョウ 一響遮百丑	一响遮百丑	yìxiǎngzhēbǎichǒu	125
イィヂュオアルイィ 一桌二椅	一桌二椅	yìzhuō èryǐ	110
イィブゥヤァシェン 芸不圧身	艺不压身	yìbùyāshēn	126
イィガオレンダンダァ 芸高人胆大	艺高人胆大	yìgāoréndǎndà	119
イィウゥヂージィン 芸無止境	艺无止境	yìwúzhǐjìng	130
イィウゥシィ 義務戲	义务戏	yìwùxì	133
インチュイ 陰錘	阴锤	yīnchuí	76
インシア 印匣	印匣	yìnxiá	113
インズ 引子	引子	yǐnzi	20
インジエシィ 応節戲	应节戏	yìngjiéxì	133
インカオ 硬靠	硬靠	yìngkào	100
インサンチアン 硬三槍	硬三枪	yìngsānqiāng	50
ヨウバンヨウイェン 有板有眼	有板有眼	yǒubǎn yǒuyǎn	119
ヨウゴン 幼功	幼功	yòugōng	51
ユエンチャン 圓場	圆场	yuánchǎng	33
ユエンワイジン 員外巾	员外巾	yuánwàijīn	104
ユエンズ グゥオダオ 院子過道	院子过道	yuànzi guòdào	15
ユエチン 月琴	月琴	yuèqín	64
ユインブゥ 雲歩	云步	yúnbù	32
ユンパイ 雲牌	云牌	yúnpái	112
ユンショウ 雲手	云手	yúnshou	31

索　引

雲帚児 (ユィンヂョウル)	云帚儿	yúnzhǒur	112
韻白 (ユィンバイ)	韵白	yùnbái	20

Z

賛美指 (ヅァンメイヂー)	赞美指	zànměizhǐ	26
趲子 (ヅァンヅ)	趱子	zànzi	36
扎哆衣 (ヂョアドゥオイイ)	扎哆衣	zhāduōyī	73
扎九槍 (ヂョアジウチアン)	扎九枪	zhājiǔqiāng	49
折子戯 (ヂョヅシイ)	折子戏	zhézixì	132
戦衣戦裙 (ヂャンイィチャンチュイン)	战衣战裙	zhànyī zhànqún	102
漲調門児 (ヂャンディアオメンル)	涨调门儿	zhǎngdiàoménr	68
掌式 (ヂャンシー)	掌式	zhǎngshì	28
整臉 (ヂョンリエン)	整脸	zhěngliǎn	89
正覇 (ヂョンバァ)	正霸	zhèngbà	22
正把 (ヂョンバァ)	正把	zhèngbǎ	33
正宮調 (ヂョンゴォンディアオ)	正宫调	zhènggōngdiào	68
正浄 (ヂョンジィン)	正净	zhèngjìng	12
直鼎 (ヂーディン)	直鼎	zhídǐng	37
指式 (ヂーシー)	指式	zhǐshì	26
軸肘 (ヂョウヂョウ)	轴肘	zhǒuzhǒu	48
燭台 (ヂュウタイ)	烛台	zhútái	113
住頭 (ヂュウトウ)	住头	zhùtou	81
装腔作勢 (ヂュアンチアンヅゥオシー)	装腔作势	zhuāngqiāng zuòshì	118
状紙 (ヂュアンヂー)	状纸	zhuàngzhǐ	114
桌帷 (ヂュオウェイ)	桌帷	zhuōwéi	110
紫蟒 (ヅーマン)	紫蟒	zǐmǎng	98
字正腔圓 (ヅーヂョンチアンユエン)	字正腔圆	zìzhèng qiāngyuán	19
自指 (ヅーヂー)	自指	zìzhǐ	27
走辺 (ヅォウビエン)	走边	zǒubiān	23
走調 (ヅォウディアオ)	走调	zǒudiào	19

走馬鑼鼓 (ヅォウマァルゥオグゥ)	走马锣鼓	zǒumǎ luógǔ	78
嘴巴脚 (ヅゥイバァジアオ)	嘴巴脚	zuǐbajiǎo	43
醉歩 (ヅゥイブゥ)	醉步	zuìbù	32
醉眼 (ヅゥイイエン)	醉眼	zuìyǎn	30
罪衣罪裙 (ヅゥイイィヅゥイチュィン)	罪衣罪裙	zuìyī zuìqún	102
左嗓児 (ヅゥオサァンル)	左嗓儿	zuǒsǎngr	18
做 (ヅゥオ)	做	zuò	22
做工老生 (ヅゥオゴォンラオション)	做工老生	zuògōng lǎoshēng	9

執筆者紹介

著　　　者　魯 大鳴（ルーダーミン）1958年中国北京生まれ。
　　　　　　1976年北京市戯曲芸術職業学院京劇科卒業。同年、風雷京劇団入団。1987年来日。日本のお伽噺「桃太郎」に基づいて新京劇を創作、上演。現在、明治大学法学部兼任講師で、中国語、アジア文化（京劇）を授業している。ワークショップや講座を通して、京劇を広める活動を続けている。2017年NHKラジオ講座「レベルアップ中国語」に参加。
　　　　　　著書『京劇への招待』2002年　小学館
　　　　　　『京劇役者が語る京劇入門』2012年　駿河台出版社。

校　　　正　波多野真矢　京劇研究者。
　　　　　　東京大学、早稲田大学、国学院大学兼任講師。近年は京劇と知識人の関わりについて研究している。祖父は、梅蘭芳とも親交があったジャーナリスト、中国政治経済研究者で京劇通の波多野乾一。

校　　　正　厳 慶谷　上海京劇院、国家一級俳優。
　　　　　　1988年上海戯曲学校京劇科卒業。1999年中国戯曲学院の中国京劇優秀青年俳優研究クラスの第一期生の一員として卒業。専攻は丑。1998年張春華師に弟子入り。2001年日本神戸学院大学で日本狂言を研究。1990年上海京劇院入団。

写 真 協 力　劉 妍　元瀋陽京劇院俳優。
　　　　　　専攻は刀馬旦。1992年来日。以来、日本全土に京劇公演、講座など京劇普及のために活躍している。

日本語校正　樋渡優子　ライター。

中国京劇小辞典

●────── 2019年6月30日　初版発行

著　　者──魯　大鳴
発 行 者──井田洋二
発 行 所──株式会社 **駿河台出版社**
　　　　　〒101-0062　東京都千代田区神田駿河台 3 - 7
　　　　　電話03(3291)1676番(代)／FAX03(3291)1675番
　　　　　振替00190-3-56669
　　　　　http://www.e-surugadai.com
組版・印刷・製本─株式会社フォレスト

ISBN978-4-411-04033-6　C0073　¥1800E